健身健美运动理论与实训研究

易 军 付忠虎 李 旭 著

中国原子能出版社

图书在版编目（CIP）数据

健身健美运动理论与实训研究／易军，付忠虎，李
旭著. --北京：中国原子能出版社，2023.11
　ISBN 978-7-5221-3047-7

　Ⅰ. ①健… 　Ⅱ. ①易…②付…③李… 　Ⅲ. ①健身运
动-研究②健美运动-研究 　Ⅳ. ①G883

中国国家版本馆 CIP 数据核字（2023）第 200004 号

健身健美运动理论与实训研究

出版发行	中国原子能出版社（北京市海淀区阜成路 43 号　100048）	
责任编辑	张　磊	
责任印制	赵　明	
印　　刷	北京九州迅驰传媒文化有限公司	
经　　销	全国新华书店	
开　　本	787 mm×1092 mm　1/16	
印　　张	19	
字　　数	282 千字	
版　　次	2025 年 3 月第 1 版　2025 年 3 月第 1 次印刷	
书　　号	ISBN 978-7-5221-3047-7	**定　价**　68.00 元

网址：http://www.aep.com.cn　　E-mail：atomep123@126.com
发行电话：010-68452845

前言

　　随着社会的进步和时代的发展，人们对美好生活有了更高的需求，体育运动锻炼成为大众生活的重要部分，健身健美运动也进一步走进大众视野，人们对身体体魄有了新的认识。

　　健身健美是人们丰富生活、调节情绪、善度余暇、谋求身体满足而进行的自发的健身娱乐活动。健身健美能够满足人们在新时代的新需求，是为了满足人们身心健康、娱乐需要而产生的文化体育活动。它不仅是一种体育活动，更是一种文化活动，它可以使人的精神在锻炼过程中得到历练，培养坚韧不拔的意志品质，使人们在追求形体健硕的过程中，认识人体的形体美。

　　健身健美不仅可以适用于大众休闲娱乐活动，更能满足高校教学要求。其作为一种新兴的时尚、健康、文明体育活动，既能满足学生身体发展的需要，也能增强学生健康意识、培养健身锻炼的习惯，树立"健康"的理念，引导大学生积极参加体育活动，掌握运动的基本技能，感受运动的乐趣，养成终身体育锻炼的习惯，从而达到身心健康发展的体育教育目的。

　　本书分为理论篇、实践篇与竞赛篇，理论篇主要介绍健身、健美运动的概念和区别，以及有关健身健美运动的营养知识拓展；实践篇主要介绍与健身健美运动有关的运动训练技术，分为抗阻、有氧和伸展训练三个部分，以及体重控制方法、基本运动健身指导；竞赛篇主要介绍健美健身竞赛概况以及我国健身健美竞赛发展概况。全书以理论指导，用方法引路，整体文图并茂、重点突出，能够帮助大学生掌握健美健身的动作，学会一门运动技术，养成健身健美的良好锻炼习惯，有效培养大学生的终身体育意识，这也将有助于学生个性化素质的发展。在编写本书的过程中，吸收、借鉴了国内外许多专家学者的最新研究成果和出版文献，在此一并表示感谢，如有错漏之处敬请同行专家及广大读者批评指正，以便后期进行修订和改善。

目录

理论篇

实践篇

竞赛篇

理论篇

第一章
健身健美运动概述

第一节　健身运动概述

一、健身运动的概念

（一）健身的含义

健身是指为了促进人体健康，达到理想生活质量的一种行为方式。健身包括智力、机体、心理及社会的行为，这种行为结果不仅是一种摆脱疾病的状态，更是身体健康状况的明显改善。健康的人有很高的心肺功能和智力的敏感性；有良好的社会交往；理想的体质、体力及机体的灵活性。

（二）健身运动的含义

健身运动是指通过徒手或利用各种器械，运用专门科学的动作方式和方法进行锻炼，以发达肌肉、增长体力、改善形态、陶冶情操为目的的运动项目。健身运动可以增强人体内脏器官的功能，特别是心血管系统和呼吸系统的功能，以及发展力量素质、耐力素质等身体素质。参加者由于年龄、性别、健康状况等有所不同，所选择的健身运动内容也不一样，如慢跑、打太极拳等。

二、健身锻炼项目的分类及其价值

（一）按不同锻炼的目的分类

锻炼者的年龄、性别、职业、爱好和身体健康状况的不同，其锻炼目的与有所差异，根据不同的锻炼目的，可以把健身锻炼分为以下几类。

1. 健身运动

这里是指狭义的健身运动，主要指普通健康人群为强身健体、延年益寿而从事的身体锻炼。其目的是通过练习，增强身体各器官、系统的机能，提高身体素质，提高基本运动能力，延缓人体的衰老。健身运动可根据个人特点和爱好，选用各种锻炼手段，既可选择各种竞技性运动项目，又可采用日常生活中一些动作，如走、跑、跳、投、举、拉、抬、及利用日光、空气、水等自然因素进行锻炼等。

2. 健美运动

健美是一种强调肌肉健壮与美的活动。所谓健美，用审美的观念，顾名思义就是健康而优美、健壮、美观。它是根据健康原则、美学原则以及年龄和性别特征，对人体毛发、肤色、体型、姿态、动作和风度等进行的综合评价。健美通常是指人体内外健康无病，身体外表优美协调，整体匀称，并具艺术感。

它是在健身运动的基础上，为增加身体美感而进行的建设性的身体锻炼，是健身运动的升华和提高。健美运动的针对性较强，如发展肌肉体积，可采用负荷和器械练习；为了养成端庄优美的体型，增加协调和韵律感，可采用艺术体操、健身操、健美操和体育舞蹈及轻器械练习等。

3. 康复健身

康复健身又称康复体育和医疗体育，是指疾病患者为了治愈某些疾病或恢复身体机能而进行的健身锻炼。康复健身的内容应根据疾病性质采用适宜的锻炼方法，如动作缓慢、负荷较小的散步、慢跑、太极拳、气功、按摩、保健操等。为提高康复效果，锻炼活动常与药物治疗相结合，在医生的指导下，按运动处方要求进行定量锻炼。

4. 形体修塑

形体修塑又称体型雕塑、矫正畸形或矫正体育，特指为了弥补身体某些缺陷或克服功能障碍或使身体更趋完美而进行的身体锻炼。目前，形体修塑已拓展为功能性极强的、在健身房较受欢迎的健身健美项目，如整体塑造、局部修塑（主要是针对身体局部过胖或过瘦和不良体型体态的修塑）等。形体修塑练习内容应根据身体的特殊情况进行专门设计，如轻度驼背可做脊柱弯曲矫正操，"鸡胸""后缩背"可用俯卧撑进行矫正等。

5. 休闲健身

休闲健身亦称闲暇体育、余暇体育、休闲体育、娱乐体育等，是人们为了丰富生活、调节情绪、谋求身体满足、善度余暇而进行的自由自在的体育健身娱乐活动。休闲健身以消遣、娱乐、放松为目的，内容选择上以个人爱好为前提，如各种竞技、游戏、球类活动、郊游、钓鱼、艺术欣赏、科学活动及接触大自然等。

此外，还有残疾人健身、防卫健身（指为防范各种自然和人为危害，提高人的应变能力和肌体适应能力而进行的身体锻炼）等健身锻炼项目。

（二）按运动时的能量代谢特点分类

根据运动时的能量代谢的不同，可以把健身运动锻炼分为以下几类。

1. 有氧运动

有氧运动是指以有氧代谢提供运动中所需能量的运动方式，在运动过程中，运动负荷与耗氧量呈线性关系。如强度适宜的步行、慢跑、自行车、网球、高尔夫球、远足、健身健美操等。有氧运动对人们的心肺机能、耐力素质以及生命活动耐受力的提高有积极作用。

2. 无氧运动

无氧运动是一种强度足够引起乳酸形成的体能锻炼，被非耐力项目的运动员用于增强力量、速度和能力，被健美运动员用于打造肌肉量。如短距离全力跑、举重、拔河、跳跃项目、投掷、肌力锻炼、潜泳等。无氧运动是人体功能水平、基本活动能力不断进步的基础。

3. 混合运动

混合运动就是有氧无氧代谢供能交替条件下持续的运动。在我们平时进行的运动中，还有很大一部分不属于单纯的有氧运动，也不属于单纯的无氧运动，而是二者兼而有之，称为混合运动，这些运动是耐力和力量的综合体现。如足球、橄榄球、手球、篮球、冰球、间歇锻炼等。

在健身锻炼实践中，两者不规则而混合存在的锻炼项目较多，而且也有同一项目，由于方法强度的改变，而转变为有氧运动锻炼或无氧运动锻炼的项目，例如长跑、放松慢跑是有氧运动锻炼，而竞赛时全力跑则转为无氧运动。按体力水平，同样的速度，体力强的人为有氧运动锻炼，而体力差的人则成为无氧运动锻炼等。因此，只按项目本身不能一概判定是否属有氧或无氧锻炼，要具体问题具体分析。

第二节　健美运动概述

一、健美运动的概念

（一）健美的含义

健美是一种强调肌肉健壮与美的活动。所谓健美，用审美的观念，顾名思义就是健康而优美、健壮、美观。它是根据健康原则、美学原则以及年龄和性别特征，对人体毛发、肤色、体型、姿态、动作和风度等进行的综合评价。健美通常是指人体内外健康无病，身体外表优美协调，整体匀称，并具艺术感。

（二）健美运动的含义

健美运动是一项通过徒手和各种器械，运用专门的动作方式和方法进行锻炼，以发展肌肉，增强体力，改善形体和陶冶情操为目的的运动项目。健美运动可以采用各种徒手练习，如各种徒手健美操、韵律操、形体操及各种自抗力动作，也可采用各式各样轻重不同的运动器械进行练习，如杠铃、哑铃、壶铃等举重器械和单杠、双杠等体操器械，以及弹簧拉力器、滑轮拉力器、橡胶带及各种特制的综合力量练习器。

二、健美运动的作用、特点分类

（一）健美运动的主要作用

健美运动的每一个动作，虽然都是专门为了训练身体的某一个部位而设计和编排的，但人体是一个完整的有机体，任何一个局部的活动都会对全身产生影响。因此，长期进行科学系统的健美运动，不但有利于增强体质和体能，发达肌肉，强健体格，增进健康，而且有利于调节和改善人体的生理机能，改善体型体态，预防和矫正畸形，延缓衰老，陶冶情操，有利于达到健身、健美、健心、健智的重要目的。归纳起来主要表现为以下几方面。

1. 有效地发达人体肌肉，健美体型

人体各器官系统是按照生物界"用进废退"的自然规律变化的。健美运动中的许多动作，特别是那些用哑铃、杠铃等器械进行的练习，都是直接针对肌肉进行的锻炼。长期科学的健美锻炼，能使运动器官，特别是肌肉产生适应性变化，肌肉明显发达，显著增大，使体型变得健美匀称。同时可以促进骨骼的新陈代谢，促使骨骼的机械性能提高，对关节、韧带的生长发育也有良好的促进作用。

2. 防止肌肉和力量退化，延缓衰老

不经常参加锻炼的人在 20～25 岁达到最大肌肉力量，以后每 10 年将会损失 10% 左右的肌肉重量和肌肉力量。60 岁后，肌肉下降的速度会更迅速。经常参加锻炼的人可以把肌肉最佳状态保持到 60 岁以上。研究证实，长期的力量训练者比实际生理年龄年轻 5～7 岁。

3. 能改善和提高内脏器官的机能水平。

健美运动可增大心脏的容积，增强血管的弹性，增强心脏的收缩力和血管的舒张能力，从而使心脏的每搏输出量增加。这样，在安静时会产生"心搏徐缓"现象，而承担大强度负荷的能力却大大提高。

健美运动锻炼需要供给更多的氧，排出更多的二氧化碳，这就要求呼吸肌更加有力地收缩。经常进行健美运动，可提高呼吸系统的机能水平。健美运动对提高消化系统的机能也有良好的作用。

4. 提高中枢神经系统的机能

健美运动和其他活动一样，都是在中枢神经系统的支配调节下进行的，这就能有效地改善和提高神经系统的功能，提高大脑神经过程的强度、均衡性和灵活性，以及身体对内外环境的适应能力。

5. 改善和美化体型体态

健美运动的各个动作均有很强的针对性，能对身体相应部位的生长发育产生特异性影响。科学的健美锻炼，能有目的地改变（修塑）体型、体态的现状，使男子的体格魁梧、肌肉发达、英姿勃勃、风度翩翩，使女子体态丰满、线条优美、亭亭玉立。

6. 消耗更多热量，防止肥胖，改善脂肪代谢

即使在不运动的状态下，每 1 千克肌肉每天都要消耗 314～460 千焦的热量。通过力量训练，每增加 1 千克肌肉，其消耗的热量等于在一年内燃烧掉 3～5 千克脂肪。经常参加力量训练，可以使血液总胆固醇下降，低密度脂蛋白下降，高密度脂蛋白升高，有利于心血管健康。

7. 改善身体对碳水化合物的代谢机能，预防和辅助治疗 2 型糖尿病

力量训练可增加肌肉重量，更多的肌肉组织使肌体对胰岛素的敏感性加强，从而更有效地从血液里摄取所需的糖并加以利用，降低血糖，起到预防和辅助治疗 2 型糖尿病的作用。

8. 预防骨质疏松，减少运动器官的损伤和疼痛

力量练习可以增加骨密度，减少骨质疏松、关节病及其他相关疾病，可减少运动器官的损伤和疼痛。

肌肉力量的不足和退化会造成肌肉劳损、疼痛及身体形态改变。力量训练可以使颈部和腰部等重要部位的肌肉力量增强，延长工作时间。

9. 调节人的心理状态，陶冶情操

现代社会节奏的加快，往往使人产生压抑感或其他不良情绪。紧张的脑力和体力劳动之后，肌体也会产生疲劳累积。经常进行健美锻炼，有助于消除不良心理，提高人的自信心、自豪感和成功的乐趣。特别是在优美轻快的音乐伴奏下进行协调运动，更有着积极的心理影响，能够陶冶人们的道德情操，使人产生积极向上、追求美好未来的健康情绪。

（二）健美运动的特点与分类

1. 健美运动的特点

（1）健美运动除具有一般体育活动所共有的增强体质作用外，还具有健美形体、发达全身肌肉的作用。

（2）有广泛的适应性。不同年龄、性别、职业、体质的人都可根据自己的需要，有选择地进行锻炼。例如，想减肥，练习重量要轻，抗力较小，速度慢但次数较多；想增重，发达肌肉，则负荷大，强度大。根据不同的锻炼需求，其锻炼方法和要求也有所不同。

（3）融体育和美育于一体，使增强体质的练习和造型艺术结合在一起。健美比赛表演时要求在音乐伴奏下显示健美的形体，把体育、音乐、造型艺术、舞蹈和体操结合在一起。

2. 健美运动的分类

健美运动可分为竞技健美和健身健美。

（1）竞技健美运动是根据健美比赛项目的要求专门进行的训练。运动员不仅要全身各部肌肉呈最大限度地发达，而且体型要协调优美，肌肉线条明显。同时，竞技健美运动对动作的规格、身体造型，甚至对皮肤颜色都有严格要求。

（2）健身健美运动是以修饰体型，矫正健美畸形，恢复局部功能和治疗某些功能性慢性疾病为主的群众性健身健美运动。

第三节　健身运动与健美运动的联系与区别

一、健身运动与健美运动的联系

（一）健身运动是健美运动的母体

从历史的演进过程来看，健身运动孕育了健美运动。虽然关于体育健身运动的起源有"劳动说""游戏说"和"活动说"之争，但它是健美运动之母却毋庸置疑。而且起源也绝不是一元的，而是多元的。它不但与生产劳动和生活（如狩猎、捕鱼、采集、种植、农耕等）有关，也与军事、宗教、医学、娱乐和教育（如格斗、奔跑、跳跃、投掷、攀爬、游戏、杂技、舞蹈、娱乐、祭祀、礼仪、艺术）等紧密相连。人类体育健身运动的三个最直接的渊源应该是最初的教育、文化娱乐和医疗卫生。总之，是上述所有这些活动的发展及其综合因素，推动了体育健身运动的发展，并且孕育了古代健美运动（如古希腊的裸体运动、古罗马的搬动和高举重物）与现代健美运动（其开山鼻祖为 19 世纪的德国大力士山道）。反过来健美运动的发展又极大地丰富了现代健身运动的内涵，促进了健身运动的发展。

（二）健美是健身和健康的升华

健身健美都属于体育的范围，都是一种社会现象和社会体育活动的形式，都是以身体运动为基本手段。顾名思义，前者侧重于健身，后者侧重于健美；前者是一种行为和方式，后者则还是一种体育运动项目。同时，它们也都属于体育科学的范畴。但健身运动并非指某一个单一的项目，而是一个广义的概念，是所有健身运动项目的概括，其中当然也包括健美运动。

从健身运动和健美运动的宗旨来看，两者都主张以健身教育与身体活动的方式来促进人们身心的发展及健康的维持，但前者以全民健身为主体，后者则在健康的前提下，以肌肉（竞技）健美为主轴。从所倡导的精神来看，健身运动注重全民健身主体的体现，更追求身心高度完善状态的锻炼，并以健康、活力、长寿为根本。竞技（肌肉）健美运动则要求不断地提升健康水平和技能、技术水平，以体现"更快、更高、更强、更健美"为目标，重在超越自我及他人。在实施方法及教育方式上，前者主张以健身运动处方式的科学锻炼为主体，并结合娱乐、休闲、旅游及竞赛等多功能活动方式来增强其趣味性及目的性。后者（竞技健美）则较早地完善了处方式的教学训练方式，主张利用树立榜样的方式来鼓励进取和参与，并强调以"运动精神"为主，"夺取金牌"为辅，以求建立在努力中求欢乐及一般伦理基本原则所推崇的新型、健康、科学的生活方式。从运动水平和层次来看，健身和健康是健美的基础，而健美则是健身的升华和健康的标志。

二、健身运动与健美运动的区别

（一）侧重点不同

健身运动是通过各种方式的身体锻炼，达到心理、生理（各内脏器官及系统）的机能平衡，最终达到增强体质、延年益寿的目的。健美运动则是在健康的基础上，运用不同的器械和各种训练方法，达到增强体质、发达肌肉、修塑健美体型的目的。

从两者的目的看，都可以增强体质，但健身运动侧重于健康，诸如强身健体、疗疾康复、消遣、娱乐、延年益寿等。而健美运动则侧重于身体外形美观，诸如发达肌肉（本质性特点）、增强肌力、修塑体型体态、矫正畸形、减肥、增高等。同时，两者都可以不同程度地改善和提高人体心血管、呼吸、消化及中枢神经系统等的机能水平，调节心境、陶冶情操和培养良好的气质与融洽的社会关系，以及养成良好的生活习惯等。

（二）锻炼的内容、方式、方法以及锻炼效果的评价不同

从锻炼的内容、方式、方法及锻炼效果的评价看，广义上的健身运动包含了健美运动，两者有着非常紧密的联系。但从狭义分析，两者又有所区别，有时甚至是质的区别。此外，在锻炼效果的测量与评价方面，两者也各不相同。健美运动侧重于以人体形态，尤其是肌肉的围度、质量等作为锻炼效果的测量和评价标准；健身运动则主要以人体生理功能的变化，如器官系统的机能水平及身体、心理素质与适应能力的变化作为锻炼效果的测量和评价标准。

第二章
健身健美与营养

第一节　营养学基础

营养需从食物中获取，是身体必需的物质。科学营养是利用科学的知识，提供身体所必需的健康生物素。健身科学营养就是研究健身人群的代谢与机能状况，运用科学的饮食搭配，提供合理的营养补充，保证并提高机体基础健身运动能力。

俗话说，"三分练，七分吃"。饮食的营养搭配在健身运动中起着至关重要的作用。健身运动必须适应现代社会体育科学的发展，不能再是所谓的盲目追求训练效果，而是要将训练和营养相结合，重视营养对于训练的调控作用。同时，参与运动健身人群的年龄范围越来越宽泛，单一、泛化的饮食习惯已经不能满足时代发展的需要，具备科学性、针对性、实效性的营养计划才是提高人们生活需求和生活质量的关键。

一、能量

能量是人体营养研究的重要内容。人体的一切活动都与能量代谢分不开，如果体内能量代谢停止，生命也就停止。人体与外界环境之间的交流，需不断产生和消耗能量。人体的一切生命活动如细胞的生长繁殖、营养物质的运输、代谢废物的清除、细胞组织的自我更新等都需要能量。没有能量，任何一个器官都无法进行工作。人体不仅在活动时需要能量，而且在安静时也需要能量来维持体温、维持血液循环和呼吸等生命活动的照常进行。所以，能量是人体一切活动的基础，能量是营养的基础。

（一）能量的来源

人体所需的能量是来源于我们所吃的食物经过一系列降解代谢反应，在人体细胞中线粒体的呼吸作用下，形成的三磷酸腺苷（ATP）。人体通过消耗有机物和氧气，产生二氧化碳和水，然后释放能量。碳水化合物、蛋白质、脂类统称为能源物质，是 ATP 的最终来源。

（二）能量的单位

能量单位有卡（cal）、千卡（kcal）、焦耳（J）、千焦（kJ）、兆焦（MJ）等。能量的国际单位是焦耳，营养学上更惯用千卡作为能量单位。能量单位之间的换算关系如下：

$1\ MJ = 10^6\ J$ $1\ kJ = 10^3\ J$ $1\ kcal = 4.186\ kJ$

$1\ kJ = 0.239\ kcal$ $1\ 000\ kcal = 4.186\ MJ$ $1\ MJ = 239\ kcal$

（三）能量消耗

能量消耗是在生命活动过程中，一切生命活动都需要能量消耗，在能量守恒的状态下，能量的需要量等于能量的消耗量。一般来说，人体的能量消耗主要体现在以下几个方面。

1. 基础代谢

基础代谢是指人体维持生命的所有器官所需要的最低能量需要。即人体在安静状态且恒温条件（18 ℃～25℃），禁食12小时，空腹、平卧并处于清醒状态，不受精神紧张、肌肉活动、食物和环境温度等因素影响时的能量代谢。基础代谢率的测定，要在清晨未进早餐以前，静卧休息半小时（但要保持清醒），室温维持 20 ℃上下，利用仪器进行测定。

一般来说，基础代谢率的实际数值与正常的平均值相差 10%～15% 之内都属于正常。超过正常值 20%时，才能算病理状态。

基础代谢计算公式如下：

每日基础代谢＝体表面积（平方米）×基础代谢率（千克/ 平方米·小时）

或（千卡/ 平方米·小时）×24（小时）

体表面积（平方米）＝0.00659×身高（厘米）+0.0126×

体重（千克）－0.1603

基础代谢率%＝（脉率+脉压）－111

＝0.75×（脉率+脉压差×0.74）－72

＝1.28×（脉率+脉压差）－116

根据相关营养学资料得出以下不同年龄阶段正常基础代谢率平均值，见表 2-1。

表 2-1 不同年龄阶段正常基础代谢率平均值（千卡/ 平方米·小时）

年龄/岁	11～15	16～17	18～19	20～30	31～40	41～50	>51
男	46.7	46.2	39.7	37.9	37.7	36.8	35.6
	(195.5)	(193.4)	(166.2)	(157.8)	(158.7)	(154.1)	(149.1)
女	41.2	43.4	36.8	35.1	35.0	34.0	33.1
	(172.5)	(181.7)	(154.1)	(146.5)	(146.4)	(142.4)	(138.6)

注：（ ）内单位为（千焦/ 平方米·小时）。

2. 机体组织的生长发育

机体组织生长发育需要消耗大量的能量，未成年以前，年龄越小，用于生长发育的能量消耗越多，婴儿、青少年、创伤恢复病人以及孕妇需要消耗成年人所消耗的几倍能量来维持自身生长需要。

3. 体力活动

体力活动包括家务劳动、事业劳动、体育活动、娱乐活动等，其占总能量消耗的 25%左右。不同体力劳动所消耗的能量不同，影响体力活动的因素有体重、肌肉量、活动强度、活动持续时间等。

4. 食物特殊动力作用

人体在进食过程中，以及对于食物的消化、吸收、利用都需要能量消耗。研究表明，进食碳水化合物能量消耗增加 5%～6%；进食脂肪能量消耗增加 4%～5%；进食蛋白质能量消耗增加 30%～40%。食物的消耗能量与食物的营养成分、饮食频率、饮食数量、饮食搭配密切相关。

（四）能量摄入量

1. 不同程度体力活动的能量摄入量

能量科学的摄入量应与消耗量相统一，这种能量守恒有利于机体保持健康并享受高质量生活。机体所承受体力活动的强度与能量消耗呈正相关。根据"要因加算法"估算成年人的能量摄入量，能量摄入量 = 基础代谢 × 体力活动水平，即 BMR×PAL。不同体力活动水平男女的 PAL 值见表 2-2。

表 2-2　不同体力活动水平男女 PAL 值

体力活动水平	体力活动内容举例	PAL 男	PAL 女
轻强度体力活动	办公室工作、修理电器钟表、售货员、酒店服务员、化学试验操作、讲课等	1.55	1.56
中等强度体力活动	学生日常活动、机动车驾驶、电工安装、车床操作、金工切割等	1.78	1.64
高强度体力活动	非机械化农业劳动、炼钢、舞蹈、体育运动、装卸、采矿等	2.1	1.82

根据中国营养学会对于不同体力活动的推荐量，从事极轻劳动的成年人的能量需求为 37～40 千卡/千克/天；从事轻劳动的成年人则需要 41～43 千卡/千克/天；从事较重的体力劳动者，此值要增加到 50 千卡/千克/天以上。

对于健身人群，增肌人群的能量需求为 50 千卡/千克·天，减肥人群可以控制在约 30 千卡/千克·天。以一个 80 千克的健美爱好者为例，增肌期每千克体重约需要 50 千卡的热量，则一天大约需要摄入 4 000

千卡热量。

2. 不同心率水平的能量消耗量

相关资料显示，运动时心率的高低对于能量的消耗有很大的影响，具体见表 2-3。

表 2-3　不同心率状态下的能量消耗量

心率/（次/分）	每分钟消耗能量/千卡
<80	<2.5
80～100	2.5～5
100～120	5～7.5
120～140	7.5～10
140～160	10～12.5
160～180	12.5～15

3. 不同年龄阶段能量推荐摄入量

根据世界卫生组织（WHO）年龄划分标准，青年人的年龄范围在 14～44 周岁；中年人的年龄范围在 45～59 周岁；老年人的年龄范围在 60 周岁以上。根据相关资料，并通过 BMR 与 PAL 的计算方式，推算出不同年龄阶段的人群的能量推荐摄入量，具体如图 2-1 所示。

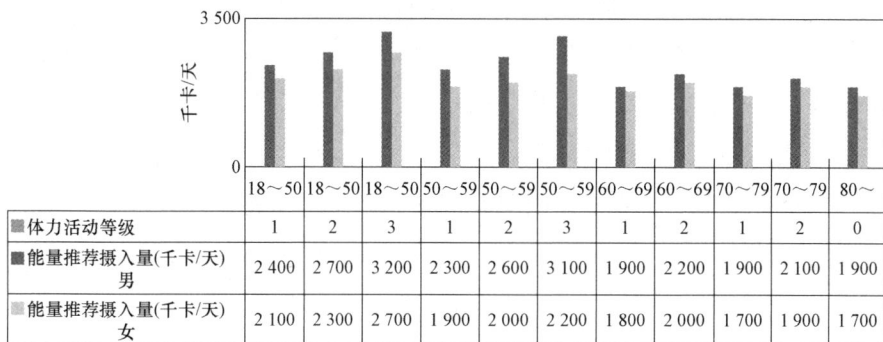

	18～50	18～50	18～50	50～59	50～59	50～59	60～69	60～69	70～79	70～79	80～
■体力活动等级	1	2	3	1	2	3	1	2	1	2	0
■能量推荐摄入量（千卡/天）男	2 400	2 700	3 200	2 300	2 600	3 100	1 900	2 200	1 900	2 100	1 900
■能量推荐摄入量（千卡/天）女	2 100	2 300	2 700	1 900	2 000	2 200	1 800	2 000	1 700	1 900	1 700

图 2-1　我国不同年龄阶段人群能量推荐摄入量

注：轻强度体力活动为 1 级；中强度体力活动为 2 级；高强度体力活动为 3 级。

在一定时期内机体的能量收支不平衡时，首先反映在体重和体型两方面的变化，然后可反映在身体机能水平逐渐下降，影响健康，导致疾病的发生，甚至影响生命。因此，能量平衡是健康生活的重要保证。

（五）能量不平衡的危险

1. 热量摄入过多的危害

当人体长期摄入过多热量，热量在体内不能完全消化，未消化的这部分热量会刺激脂肪细胞，导致体重增加，体型发胖，最后形成肥胖。由于脂肪堆积，增加了身体各部位的惰性，并因脂肪不能随肌肉收缩，形成摩擦阻力，妨碍肌纤维收缩速度，影响整个机体的灵活性与协调性，运动能力明显下降。肥胖对健康不利，因为身体肥胖，不但有大量脂肪堆积在皮下组织，甚至还有许多脂肪沉积在身体内脏部位。如果大量的脂肪沉积在肝脏表面上，导致肝脏血液循环受到限制，最后转变为脂肪肝，肝脏许多重要的生理正常功能就会受到严重的影响。当人体腹腔、肠系膜、大网膜和胸腔上堆积脂肪时，可导致人体膈肌活动受限，胸腔容积变小，也会妨碍呼吸和气体交换。如果心包上的脂肪堆积增多，会导致心脏长期受到压迫，从而影响心脏的血液回流，使人容易产生疲倦，不能承受较重的体力和长时间的脑力活动，并经常出现头痛、头晕、心悸、腹胀等情况，如果不能得到改善，最终容易形成心脏病。肥胖还往往引起体内脂类代谢紊乱，造成血脂过高，易发生动脉硬化、糖尿病、胆石症、癌症等疾病。所以，许多疾病都与肥胖有关。

2. 热量过少的危害

当热量摄入不足时，体内储存的脂肪和糖原将被动用，甚至体内的蛋白质也被动用分担供能，使体重减轻，瘦体重也减轻，导致肌力减弱，工作效率下降。

如果长期能量摄入不足，影响蛋白质的吸收和利用，会加重体内蛋白质的缺乏，引起蛋白质营养不良症。其临床表现为基础代谢降低、消瘦、贫血、精神萎靡、皮肤干燥、肌肉软弱、体温下降、抵抗力下降、健康水平下降并易感染疾病等。

总之，造成能量不平衡的原因除饮食和运动有关外，某些疾病也可能使热量代谢失去平衡，为了避免热量摄入过多或过少对人体造成的危害，生活中要注意长期保持热量的收支平衡，积极参加体育运动。

（六）体重控制的原则

1. 保持体重不变原则

基本原则是"热量平衡"。在实践生活中应按照"量入为出"和"量出为入"来安排饮食量（能量摄入量）和体力活动量（能量消耗量）。

2. 减体重原则

减体重计划应符合能量消耗大于能量摄入的原则。采用的方法有：控制饮食（减少能量的摄入）、增加运动（增加能量消耗）、控制饮食和运动相结合。

饮食方面应注意平衡膳食，减少热量摄入，选择热量低、营养素含量全面的食品，严格限制高热量、高脂肪、高糖类食品的摄入，控制零食的摄入，特别是睡觉前以及非饥饿状态进食。注意合理安排进食时间。

3. 增体重原则

增加体重，特别是增加瘦体重，应从运动、饮食和睡眠等方面采取相应措施，增加进餐次数，加强抗阻训练，减少有氧运动时间，保持每天摄入的热量大于消耗的热量。

二、营养素

营养素是指食物中可为人体提供能量、构成机体和组织修复以及具有生理调节功能的化学成分。凡是能维持人体健康以及提供生长、发育和劳动所需要的各种物质都称为营养素。人体所必需的营养素有蛋白质、脂类、碳水化合物、维生素、水、无机盐、膳食纤维7类。另外，人体中还包含许多非必需营养素。

（一）碳水化合物

碳水化合物是由碳、氢和氧三种元素组成，由于它所含的氢氧的比例为二比一，故称为碳水化合物。它是为人体提供热能的三种主要的营养素中最廉价的营养素。

食物中的碳水化合物分成两类，有效碳水化合物，如单糖、双糖、多糖；无效碳水化合物，如纤维素等。

碳水化合物的功能：①为机体供给能量；②构成细胞和组织；③节省蛋白质；④提供中枢神经的主要燃料；⑤保护肝脏，解毒；⑥维持脑细胞的正常功能；⑦加强肠道功能。

膳食中碳水化合物的来源主要是薯类和谷类食物及运动饮料。薯类中碳水化合物的含量为15%～29%，豆类中碳水化合物的含量为40%～60%，粮谷类一般含碳水化合物60%～80%。单糖和双糖的来源主要是甜味水果、蔗糖、糖果、糕点、含糖饮料等。

1. 碳水化合物与健身运动

碳水化合物的合理摄入可以有效防止蛋白质的浪费，碳水化合物适宜的摄入量为总能量50%～65%。建议摄入复合碳水化合物、不消化抗性淀粉、非淀粉多糖以及低聚糖等碳水化合物。对于运动人群而言，碳水化合物的合理补偿是十分重要的，运动人群碳水化合物的摄入量为总能量的60%左右。不同运动人群的碳水化合物的合理摄入比例不同，具体见表2-4。

表2-4　不同运动人群的碳水化合物的合理摄入百分比

运动类型	摄入百分比/%
运动时间较长的运动人群	65%
无氧运动的运动人群	65%～70%
中等强度耐力的运动人群	50%～60%

续表

运动类型	摄入百分比/%
大强度耐力的运动人群	60%～70%
健美增肌人群	55%～70%
健身减脂人群	55%～60%

运动前补糖增加体内肌糖原和肝糖原的储备，可以有效保证充足糖来提供能量，保持运动的需要；运动中补糖可以减少肌糖原的损耗，提高血糖水平，维持血糖浓度，保持运动的持续性；运动后补糖可以加速肌糖原的恢复，防止体内糖原水平降低，预防损伤发生。所以运动人群在运动前、运动中、运动后补充碳水化合物是十分重要的，具体见表2-5。

表2-5　运动前、中、后补糖方法

运动阶段	补糖方法
运动前	大量运动前数日补充膳食碳水化合物到总能量60%～70%。以淀粉类食物为主，葡萄糖、果糖等高糖类食物为辅
运动中	每隔30～60分钟少量多次补糖，量不超过1克/分。补充如面包、单糖等或者液态糖等易吸收、易消化的糖类为主
运动后	运动刚结束就开始补充糖，大约50克左右，之后1小时左右持续间接补充糖分，至少不低于200克

2. 青年对于碳水化合物的需求

该年龄阶段对于碳水化合物的需求量较大，碳水化合物也称为糖，在工作和学习中大脑所需的95%的能量需要糖来供应，尤其是在体力活动，加班等情况需要额外增加糖的摄入，例如，运动前中后都需要补充糖，来提供机体糖原储备以及肌糖原的恢复。对于糖的补充需要从多种食物中获取，例如，水果、蔬菜、谷物中，多渠道摄入有利于保证体内的糖原平衡，促进吸收。高血糖指数为85～100；中血糖指数为60～85；低血糖指数为60以下。应该选择中低血糖指数的食物摄入补充，例如苹果、桃、乳类，避免摄入高血糖指数的食物。例如，葡萄干、葡萄糖、蜂蜜等，这些容易引起血糖和胰岛素水平的波动以及分解代谢，破坏肌肉组织。

（二）蛋白质

1. 概述

蛋白质是生命存在的形式，生命的物质基础。蛋白质分子中含有碳、氢、氧、氮，有的还含有硫和磷。蛋白质是人体氮的唯一来源，碳水化合物和脂肪不能代替。

蛋白质分为完全蛋白、半完全蛋白、不完全蛋白三类。氨基酸是构成蛋白质的基本单位，是构成动物营养所需蛋白质的基本物质，是含有碱性氨基和酸性羧基的有机化合物。氨基酸可分为 3 类：第一类是体内不能合成或合成速度较慢，不能满足机体需要，但又是维持机体生长发育、合成机体蛋白质所必需的，必须由膳食提供，称为必需氨基酸；第二类是在体内可以合成，不需要由食物供给的，称为非必需氨基酸；第三类是条件性必需氨基酸。

蛋白质的功能：①构成机体组织，维持机体生长、更新；②帮助人体内将许多物质载体运输；③合成体内具有生理功能的活性成分；④增强人体免疫功能；⑤维持体液的渗透压正常；⑥维持体内酸碱平衡；⑦提供能量。

蛋白质的食物来源主要有两类，一类为动物性蛋白质，来源于鱼、虾、奶、蛋、瘦肉、牛肉、禽类等；另一类为植物性蛋白质，来源于豆类、谷类、坚果（如花生、核桃）等。动物性蛋白质必需氨基酸种类齐全，比例合理，比植物性蛋白质更容易消化、吸收、利用。健身人群一般建议补充动物性蛋白质以及动物性蛋白质和植物性蛋白质一起补充。

2. 蛋白质与健身运动

运动健身人群通过训练使肌肉组织增加，同样对于蛋白质的需求量大大增加。对于运动健身人群来说，优质蛋白质的摄入量应在 1.2～

2.0克/千克，摄取量占总能量的12%～15%。

健美增肌人群蛋白质的每日摄入量需达到1.6～2克/千克。切忌过多摄入蛋白质，容易造成肝脏、肾脏负担。

健身减脂人群蛋白质的每日摄入量占总能量的15%～20%，摄取足够蛋白质可以使得人体每日燃烧更多能量，防止瘦体重的丢失。

3. 青年人对于蛋白质的需求

该年龄阶段是生长发育与生活压力的重要时期，蛋白质的需求量较大，需要补充充足的蛋白质满足机体的需要，生长发育阶段应保证1/3～2/3来自动物性和植物性优质蛋白质的摄入。例如鱼肉、鸡蛋、牛奶、去皮鸡胸等。在进行体力活动的过程中，应视其强度来合理选择摄入蛋白质的量，一般建议蛋白质摄入量占总能量15%左右，摄入量为2～3克/千克。切忌过多摄入蛋白质，容易造成肝脏和肾脏负担。

（三）脂肪

1. 概述

脂肪，又称为真脂、中性脂肪及三酯，是由一分子的甘油和三分子的脂肪酸结合而成。脂肪又包括不饱和与饱和两种，动物脂肪以含饱和脂肪酸为多，在室温中呈固态。相反，植物油则以含不饱和脂肪酸较多，在室温下呈液态。

脂肪的功能：①储存、提供能量；②保护内脏；③维持体温恒定；④构成组织和细胞；⑤有效利用碳水化合物，节约蛋白质；⑥参与机体各方面代谢活动。

2. 脂肪与健身运动

健美增肌人群对于脂肪不应当过度限制，长期控制脂肪容易影响睾酮水平以及脂溶性维生素的吸收，不利于增长肌肉，建议将脂肪控制在总能量15%～20%为宜。

健身减脂人群同样过度限制脂肪是不利于减肥的，应限制总摄入能量，而不是限制脂肪的摄入，采用低热值食物，保证脂肪的合理摄入，建议健身减肥人群脂肪控制在总能量20%～25%。

3. 青年人群对于脂肪的需求

该年龄阶段体脂细胞的体积和数目都可能增加，从而导致体内脂肪增加，体脂细胞的细胞数目增加持续到青春期，此后的脂肪细胞不能改变数目只能增加体积，建议脂肪的摄入量占总能量的 15%～20%，最多不超过 25%，适当摄入脂肪有利于抑制胰岛素的分泌促进机体脂肪利用，产生饱腹感，过多的脂肪容易引起肥胖。青年人群应当多摄入含必需脂肪酸的植物性脂肪，少摄入含饱和脂肪酸较多的动物性脂肪。尤其作为运动员，更应该控制脂肪的摄入。

（四）维生素

1. 概述

维生素是人和动物为维持正常的生理功能而必须从食物中获得的一类微量有机物质，在人体生长、代谢、发育过程中发挥着重要的作用。维生素与碳水化合物、脂肪和蛋白质三大物质不同，在天然食物中仅占极少比例，但又为人体所必需。维生素既不参与构成人体细胞，也不为人体提供能量。许多维生素是辅基或辅酶的组成部分。根据维生素的溶解性质，可将维生素分为水溶性维生素（B 族维生素和维生素 C）和脂溶性维生素（维生素 A、D、E、K）两大类。

2. 维生素与健身运动

维生素对运动人群的作用、食物来源、缺乏症以及各营养素推荐摄入量总结，见表2-6。

表 2-6　维生素作用、食物来源、缺乏症以及摄入量一览表

种类	对运动人群作用	食物来源	缺乏症	推荐摄入量
维生素 A	抗氧化；提高自身免疫力；促进生长发育	动物性食物，如奶油、鸡蛋、动物肝脏等；植物性食物，如西兰花、生菜等蔬菜，以及芒果、枇杷等水果	免疫力下降；影响骨骼发育	成年男性推荐量 800 微克/天；成年女性推荐量 700 微克/天；运动员推荐量 1500 微克/天

续表

种类	对运动人群作用	食物来源	缺乏症	推荐摄入量
维生素 D	促进骨骼代谢；调节钙磷代谢	动物性食物：蛋黄、鱼肝油、动物肝脏等	骨质疏松；免疫力下降	成年人推荐量 5 微克/天
维生素 E	提高运动能力，提高最大摄氧量；减少乳酸堆积，防止蛋白质分解；促进肌肉合成	芝麻油、玉米油、黄油、棉籽油、大豆油、豌豆、小麦胚芽等食用优质油	影响肌肉生长；神经系统异常	成年人推荐量 10 毫克/天
维生素 K	增强骨矿物质密度；增强肠胃消化吸收	动物性食物：蛋类、动物肝脏；植物性食物：暗绿色蔬菜，如菠菜、西兰花	血流不止	成年人推荐量 70～140 微克/天
维生素 B_1	促进糖的吸收，保证能量供给；提高有氧运动能力，减轻乳酸堆积	动物性食物：动物器官，例如，猪肉、肝脏等；植物性食物：豆类、谷类	食欲不振；身体疲乏	成年男性推荐量1.4毫克/天；成年女性推荐量 1.3 毫克/天；运动人群推荐量 5～10 毫克/天
维生素 B_2	提高有氧和无氧运动能力，影响肌肉力量	动物性食物：牛奶、鸡蛋、肉类、动物内脏；植物性食物：谷类产品及绿叶蔬菜	肌无力；肌耐力下降，易疲劳	成年男性推荐量1.4毫克/天；成年女性推荐量 1.2 毫克/天；运动人群推荐量 2～2.5 毫克/天
维生素 B_6	有利于促进蛋白质的合成，促进肌肉生长	动物性食物：猪肉、鸡肉、鱼、肝脏、肾脏；植物性食物：全谷类食物、坚果、豆类	贫血；减少葡萄糖生成	成年人推荐量 1.2 毫克/天

种类	对运动人群作用	食物来源	缺乏症	推荐摄入量
维生素 B_{12}	有利于提高氧的输送能力，促进生长发育	动物性食物，如鱼类、禽肉、畜肉、鸡蛋、牛奶和其他奶制品	肌无力；体重下降	成年人推荐量 2.4 微克/天
维生素 C	提高体内骨骼肌中酶的活性，增强肌力，提高免疫力	植物性食物：橙子、柑橘，绿叶类蔬菜、马铃薯、番茄等	关节痛身体疲乏	成年人推荐量 50～100 毫克/天；运动人群推荐量 140 毫克/天

3. 青年人群对于维生素的需求

该年龄阶段缺乏维生素，容易导致免疫力下降、运动能力下降、影响生长发育，维生素的需要量是根据自身的机能状态、运动量、工作量、营养水平等诸多因素决定的，所以要保持各种维生素的补充比例，才能使得维生素充分发挥作用，过多地追求维生素的补充将会对身体造成不良影响。维生素和微量元素的补充主要是通过合理的膳食来实现的，要做到膳食种类的多样化，避免挑食。

（五）无机盐

1. 概述

无机盐是地壳中自然存在的化合物或天然元素，是构成年人体组织和维持正常生理功能必需的各种元素的总称，是人体必需的七大营养素之一。人体中含有的各种元素，除了碳、氧、氢、氮等主要以有机物的形式存在以外，其余的 60 多种元素统称为矿物质（也叫无机盐）。其中 21 种为人体营养所必需。钙、镁、钾、钠、磷、硫、氯 7 种元素含量较多，约占矿物质总量的 60%～80%，称为宏量元素；其他元素如铁、铜、碘、锌、锰、钼、钴、铬、锡、钒、硅、镍、氟、硒共 14 种，存在数量极少，在机体内含量少于 0.005%，被称为微量元素。

2. 矿物质与健身运动

矿物质对运动人群的作用、食物来源、缺乏症以及各营养素推荐摄入量总结见表 2-7。

表 2-7　矿物质作用、食物来源、缺乏症以及摄入量一览表

种类	对运动人群作用	食物来源	缺乏症	推荐摄入量
钙	骨骼肌收缩；增强免疫力；促进骨骼生长发育	动物性食物：奶和奶制品、鱼、虾；植物性食物：豆类、硬果	骨质疏松，骨质增生，肌肉抽筋	运动人群推荐量 1 000～2 000 毫克/天
磷	参与能量代谢	动物性食物：肉类、蛋类、奶类、坚果等；植物性食物：暗色蔬菜、海产品等	食欲不振，肌无力，发育不良	成年人推荐量 2 000 毫克/天
镁	骨骼生长；肌肉兴奋性	植物性食物：暗色蔬菜、坚果、肉类等	肌肉痉挛，食欲不振	成年人推荐量 350 毫克/天
钾	糖和蛋白质合成；激活肌纤维收缩	动物性食物：肉类；植物性食物：蔬菜、水果等	肌无力	成年推荐量 2 000 毫克/天
钠	肌肉兴奋性；加速能量代谢	食用盐、调味料、腌制类食品等	肌肉痉挛，精神不振，食欲不振	成年人推荐量 2 200 毫克/天
铁	提高机体免疫力；提高供氧能力	动物性食物：动物肝脏、肉类、鱼类等；植物性食物：绿叶蔬菜，如菠菜、芹菜、油菜等以及杏桃、红枣等	精神不振，身体疲乏	成年男性推荐量 15 毫克/天，成年女性推荐量 20 毫克/天

续表

种类	对运动人群作用	食物来源	缺乏症	推荐摄入量
碘	提高基础代谢；促进蛋白质合成	海产品，如海带、紫菜、鲜海鱼、干贝、淡菜、海参、龙虾	生长发育不良	成年人推荐量150微克/天
锌	维持免疫功能；促进机体生长发育	动物性食物：动物肝脏、肉类、鱼类、蛋类等；植物性食物：豆类、花生等	食欲不振，生长发育缓慢	成年男性推荐量15毫克/天
硒	维持免疫功能；促进睾酮分泌	动物性食物：动物肝脏、肉类、鱼类；植物性食物：谷类、蔬菜、水果等	肌肉退化，肌肉疼痛	成年人推荐量50微克/天
铜	促进生长发育；促进运动系统发育	动物性食物：海产品、动物肝脏等；植物性食物：豆制品、紫菜、香菇等	贫血，伤口愈合缓慢	成年人推荐量2毫克/天
铬	促进蛋白质代谢；促进机体生长发育；增加瘦体重	动物性食物：肉类、鱼类等；植物性食物：香蕉、苹果皮等	葡萄糖代谢异常	成年人推荐量50毫克/天

3. 青年人群对于矿物质的需求

该年龄阶段进行体力活动的频率较大，身体矿物质的流失也是最严重的时期，大强度体力活动中大量汗液的排出会造成钾、钠和一定数量的钙、镁以及一些微量元素的流失，过多流失会影响一定的运动能力和健康水平。所以我们平时要注意矿物质的补充。运动员缺铁性贫血是最常见的缺乏矿物质的案例。一般人每天补铁量为 12 毫克，经常运动的人群补铁量为 15 毫克，动物肝脏、绿叶蔬菜中含有丰富的铁。

（六）水

1. 概述

水是由氢、氧两种元素组成的无机物。在常温常压下为无色无味的透明液体，被称为人类生命的源泉。水是地球上最常见的物质之一，是包括无机化合、人类在内所有生命生存的重要资源，也是生物体最重要的组成部分。

水的功能：①溶解消化功能，例如，人体消化液中含 90% 水；②参与加速人体代谢；③载体运输功能；④调节抑制功能，维持机体渗透压和酸碱平衡；⑤作为关节、肌肉等部位润滑剂，具有润滑和滋润的功能；⑥稀释和排出毒素功能。

2. 水与健身运动

水是生命之源，是人类赖以维持最基本生命活动的营养素之一，在正常情况下，人体内水分的摄入量和排出量保持动态平衡。排出量大于摄入量容易导致脱水状态，脱水造成的危害最终导致运动中疲劳早出现、运动能力下降、运动后疲劳难以消除。所以运动前、中、后的补水显得尤为重要。运动前、中、后补水方法见表 2-8。

表 2-8　运动前、中、后补水方法

运动阶段	补水方法
运动前	运动前 15 分补充 400～700 毫升，少量多次，分 2～4 次
运动中	运动中每隔 15～20 分补充 150～300 毫升，总量不超过 800 毫升/小时
运动后	少量多次，补充失去水分

科学的补充水分需要少量多次之外，也要注意不可单纯补充白水，运动时间 60 分钟以上，需补充含有电解质和糖类的饮料，例如红牛、

脉动、尖叫、佳得乐等一系列运动饮料，除此之外，我们还可以自制简单的运动饮料。一般来说，自制饮料的必要成分需具备以下几点要求：①水分，运动饮料最重要的功能就在于补充身体失去的水分。②糖，糖的摄入有助于在运动过程中稳定血糖水平。③电解质，在于降低钠血症和肌肉痉挛的发生率。国标规定运动饮料的含有钠含量为50～1 200毫克/升；钾含量为50～250毫克/升。④口感，好的口感是促进积极补充水分的必要条件。根据这四点要求我们可以简易制作运动饮料，如表2-9所示。

表2-9 柠檬酸型运动饮料

柠檬酸型运动饮料			
适用人群	酸爽口感，同时富含电解质和多种维生素，旨在延长运动时间，适合耐力运动人群		
配料表	无机盐	碳水化合物	其他
	NaCl 5 克	果糖 15 克	柠檬酸 100 毫克
	CaCl 5 克	葡萄糖 55 克	水 1 200 毫升
	NaHCO$_3$ 1 克	果汁 100 毫克	牛磺酸 125 毫克
功效	提高神经兴奋性，为运动提供能量保证		

3. 青年人群对于水的需求

该年龄阶段需水量高于其他年龄阶段，只有喝足够的水才能满足人体代谢的需要。若水的摄入量不足，会影响机体代谢及体内有害物质及废物的排出。如果运动量大，出汗过多，还要增加饮水量。处于成长期阶段的话，更容易缺水，在每次活动前都应该鼓励他们多喝水，并且在外面活动时（尤其是炎热的夏季），每隔20～30分钟都要适当地补充水。对于补水我们经常出现两个误区：不口渴不补水和单纯补白水。建议少量多次补水，以及适当补充一些运动饮料。一般情况下，建议在温和气候条件下生活的轻体力活动的成年人，每日最少饮水1200毫升（约6杯）。

（七）膳食纤维

1. 概述

膳食纤维是指能抗人体小肠消化吸收，而在人体大肠能部分或全部发酵的可食用的植物性成分、碳水化合物及其类似物质的总和，包括多糖、寡糖、木质素以及相关的植物物质。膳食纤维可分为可溶性膳食纤维和不可溶性膳食纤维。可溶性膳食纤维包括果胶等亲水胶体物质和部分半纤维素。不可溶性膳食纤维包括纤维素、木质素和部分半纤维素。

膳食纤维的功能：①增加饱腹感，降低体脂，减脂作用；②促进食物的消化，预防便秘；③降低胆固醇，预防心血管疾病；④保持血糖恒定，预防糖尿病；⑤预防能量摄入过剩，预防肥胖。

膳食纤维的食物是粗粮、杂粮、豆类、蔬菜、水果。含粗纤维特别多的食物是莜麦面、玉米面、高粱面、小米、黄豆、豌豆、绿豆、韭菜、蒜苗、南瓜、菠菜、香菇、黑木耳、胡萝卜、白萝卜、海带、鲜枣、杏子、花生米、葵花籽、核桃仁等。

2. 膳食纤维与健身运动

运动人群对于膳食纤维的需求大大增加，尤其在健身减脂、健身塑形等需要控制体重的人群中广受欢迎。对于部分运动员来讲，膳食纤维也是控制和减轻体重的首选。高膳食纤维的食物可以减少能量摄入，增加饱腹感，加速肠胃蠕动，排宿便，很好地代替了部分主食，对于减脂塑形、减轻体重有着很大帮助。我国营养学会指出，成年人膳食纤维推荐摄入量为 30 克/天左右，青少年儿童推荐摄入量为 35 克/天～40 克/天。

3. 青年人群对于膳食纤维的需求

膳食纤维可以让人产生饱腹感并且抑制进食，该年龄阶段的肥胖人群可以选择一些富含膳食纤维的食物，例如粗粮、杂粮、全麦面包、白菜、生菜等这些食物可以有效地控制食量，大大减少热量的摄入，减轻饥饿感，达到减肥功效。对于成年人来说，每天摄入 25～35 g 膳食纤维，膳食纤维中含有较多羟基，会与对人体有益的一些矿物质发生反应，最终使这些微量元素不能被人体吸收而随膳食纤维排出体外，这样不仅没有有益的保健作用，还不利于人体的健康。

第二节　常用的健身营养补剂

一、蛋白粉

（一）概述及功能作用

蛋白粉是一种针对特定人群的营养性食品补充剂，作为氨基酸补充食物，可为幼儿、老人、运动人群、术前术后病人和减肥人群提供因蛋白质缺失的必需营养。目前常见的蛋白粉可分为来源于动物的乳清蛋白和来源于植物的大豆蛋白。乳清蛋白是从牛乳中提取出来的，吸收迅速、完全、效率高，被认为是生物学价值最高的一种蛋白质。乳清蛋白比鸡、牛肉等更易为人体吸收，也可为老年人以及病人使用。大豆蛋白是植物蛋白中的唯一一种完全蛋白，吸收率不如乳清蛋白，但是大豆蛋白中含有的大豆异黄酮对于女性来说是一个很好的荷尔蒙替代品。大豆蛋白质通过降低血浆胆固醇含量，起到防止和减轻动物蛋白对肾脏的损害。通过对肾病患者的饮食治疗观察，用大豆蛋白质替代动物蛋白效果最好，肾病患者也乐于接受含有大豆蛋白的食品。对于女性健身，血压、血脂异常的亚健康人群，适用于服用大豆蛋白。

（二）使用方法及注意事项

1. 使用方法

（1）以每磅体重 1 克蛋白质为最佳补充量。一天 6 次进食，3 次必须有蛋白质。

（2）一般脑力劳动者每天所需的蛋白质为每千克体重 0.8～1.0 克。

（3）从事大强度的运动员及健美爱好者的需要量则为他们的 2～3 倍。

2. 注意事项

（1）患有肝肾脏疾病及痛风疾病的人群慎用。

（2）三岁以下孩子不宜食用。

（3）冲调蛋白粉切忌用热水和酸性饮料，因为它会影响蛋白粉的生物效价，影响消化吸收。

（4）切忌空腹服用蛋白粉，可与牛奶、豆浆、麦片等食物一起服用。

（5）因各品牌的蛋白粉成分有差异，具体服用剂量按照各蛋白粉的品牌说明使用。

（6）特殊疾病人群按照医嘱使用。

二、肌酸

（一）概述及功能作用

肌酸是爆发性用力动作的能量来源。人体中的肌酸主要由肝肾脏中合成，它可以增加力量，再造 ATP（三磷酸腺苷），并使肌纤维保持水分，提高肌肉中磷酸肌酸的含量，达到增加肌肉的目的，被广大健美爱好者和健身运动人群钟爱。肌酸存在于鱼、肉等食物中，但数量很少（半千克肉只能提供 1 克肌酸）。肌酸一般分为一水肌酸和复合肌酸。一水肌酸溶解快，杂质少，利于吸收，是受大众广泛喜爱的产品，其地位与蛋白质产品并驾齐驱。复合肌酸含高品质超纯肌酸、丰富的糖原和新型营养强化剂，能够确保肌酸被人体快速吸收、利用，从而迅速、高效地提供能量。

（二）使用方法及注意事项

1. 使用方法

冲击期5～7天，一天 20 克，分四次服用；维持期 6 周，每天一次，3～5 克左右，服用时间一般在两餐之间、训练前、训练后；停用期停用2～3周，之后再重复以上冲击期和维持期循环使用。

2. 注意事项

（1）肌酸的服用要进行力量或速度等训练，服用肌酸期间切忌过度训练，以防肌肉和韧带的拉伤。

（2）服用肌酸期间，每天应补充足够的水，肌酸不要与开水、橘子汁等含酸性饮料以及咖啡因饮料一同服用。

（3）肌酸应和葡萄糖或其他含糖饮料（果糖除外）一起服用。

（4）因各品牌的肌酸成分有差异，具体服用剂量按照各肌酸品牌说明使用。

（5）特殊疾病人群按照医嘱使用。

三、支链氨基酸

（一）概述及功能作用

蛋白质中的三种常见氨基酸，即亮氨酸、缬氨酸和异亮氨酸，统称为支链氨基酸（BCAA），又可称为复合支链氨基酸。这类氨基酸以两种特殊方式促进合成代谢：释放胰岛素和刺激释放生长激素。支链氨基酸可以预防和减轻中枢神经疲劳，加快机体恢复，防止肌肉分解，降低运动时其他氨基酸从肌肉中的丢失，并有助于机体吸收蛋白质。乳清蛋白的 BCAA 含量较高。

（二）使用方法及注意事项

1. 使用方法

建议训练前中后都可补充，补充 4～6 克即可，每日 1～3 次，根据训练量选择。

2. 注意事项

（1）手术前 15 天停止服用。

（2）因各品牌的支链氨基酸成分有差异，具体服用剂量按照各支链氨基酸品牌说明使用。

（3）特殊疾病人群按照医嘱使用。

四、谷氨酰胺

(一) 概述及功能作用

谷氨酰胺不是必需氨基酸，它属于条件必需氨基酸。从事大强度体育运动的人群体内谷氨酰胺的流失量较大，人体处于这种巨大压力之下时才需要这种"有条件需要"的氨基酸。谷氨酰胺可以促使肌细胞内蛋白质合成，防止肌肉蛋白的分解，促进肌细胞的生长和分化，刺激生长激素、胰岛素和睾酮的分泌，增加力量、提高耐力，减少运动中出现的疲劳现象，同能够提高免疫力。对于少年儿童，有利于促进其大脑发育；对于中年工作繁忙人群，可以防止脑力疲劳；对老年人，可以保持大脑活动，防止老年痴呆；也适用于术后及康复人士。

(二) 使用方法及注意事项

1. 使用方法

(1) 口服：每日 1.5～2 克，与中和胃酸药合用可提高疗效。

(2) 用于改善智力发育不良的儿童和精神障碍、酒精中毒、癫痫患者的脑功能，每日 0.1～0.72 克。

(3) 运动人群一般建议在两餐之间、运动前后、睡前都可服用。分几次补充，每次 2～3 克。有研究显示第一周 10 克/日，第 2～6 周 2～4 克/日，之后开始新的循环。

2. 注意事项

(1) 适量服用。

(2) 因各品牌的谷氨酰胺成分有差异，具体服用剂量按照各谷氨酰胺品牌说明使用。

(3) 特殊疾病人群按照医嘱使用。

五、左旋肉碱

（一）概述及功能作用

左旋肉碱是一种促使脂肪转化为能量的类氨基酸，红色肉类是左旋肉碱的主要来源，对人体无毒副作用。左旋肉碱的动物来源：瘦肉、肝、心、羊肉、鸡肉、兔肉、牛奶和乳清等；植物来源：木瓜、柠檬、芦荟、荷叶和麦芽等少量台湾高山水果。左旋肉碱是减肥塑形人群、不喜欢运动人群的减脂利器。同时左旋肉碱可以提高运动成绩，增强耐力，有利于延缓运动时的疲劳恢复，有利于延缓衰老。左旋肉碱在医疗方面有利于心脏和血管的保健；有利于消除脂肪肝；有利于治疗失血性的休克。左旋肉碱是一种很重要的营养剂，非常安全，在婴儿配方奶粉中也有添加。

（二）使用方法及注意事项

1. 使用方法

目前安全的服用范围是 4 克/天，服用时不要同时服用大量氨基酸，否则会影响左旋吸收。

2. 注意事项

（1）睡前不要服用左旋肉碱，否则会因兴奋影响睡眠。

（2）运用左旋必须配合适当的运动和合理饮食。

（3）因各品牌的左旋肉碱成分有差异，具体服用剂量按照各左旋肉碱品牌说明使用。

（4）特殊疾病人群按照医嘱使用。

实践篇

第三章
抗阻训练指南

第一节　抗阻训练的动作分析

一、抗阻训练的动作分析

抗阻训练是健身健美运动非常重要的训练方法，其动作分析是健身教练必须掌握的训练方法。在进行抗阻训练时，首先要明确的是目标肌群，也就是说，应准确地知道要锻炼哪个部位的肌肉。对于人体主要部位的肌肉，应该明确地知道它的位置、起止点和基本功能，这样才能对抗阻训练动作进行分析。动作分析的主要内容是分析完成动作的人体各部位的运动状况及其相互关系，包括参与活动的骨、关节和肌肉的运动规律。通过动作分析，可以判断所设计的某个抗阻训练动作是否可以锻炼到预定的目标肌群。

动作分析可分为3大步骤。第一步是明确参与完成动作的身体主要部位及相应的关节，还要明确阻力方向。第二步是划分动作阶段，一般是根据各部位运动方向的改变进行动作阶段的划分，这主要是针对动力性运动。分析静力性姿势时无需划分阶段，直接分析参与工作的各部位的具体运动状况即可。第三步是分析各阶段各部位的运动状况，这是动作分析的重点。首先要分析在各阶段各部位相应的关节运动，然后通过各阶段身体各部位运动方向与阻力作用方向的关系，分析身体各部位受力情况，找到各部位运动的原动肌（目标肌群），从而确定训练动作的正确性和有效性。

二、抗阻训练的基本技术

（一）握法

握法是指进行器械训练时，两手握持杠铃、哑铃的方法。

在器械训练中常用到下面几种不同的握法：

（1）正握：手掌朝下，手背向上或向前，前臂内旋的握法。在进行引体向上和杠铃平板卧推练习时，常使用的握法就是正握。

（2）反握：手掌朝上，或朝前且拇指指向彼此，前臂外旋的握法。在进行哑铃和杠铃弯举练习时，常使用的握法就是反握。

（3）正反握：一手正握，一手反握的握法。当对卧推练习者进行保护时，常采用一手正握，一手反握的握法。

（4）对握：两手掌心相对的握法。在进行哑铃锤式弯举练习时，常采用两掌心相对的握法就是对握。

（二）握距

握距是指在器械训练时，两手握持训练器械之间的距离。通常分为窄握距、中握距和宽握距 3 种。

（1）窄握距：两手之间的距离同肩宽或小于肩宽。

（2）中握距：两手之间的距离大于肩宽 10～20 厘米。

（3）宽握距：两手之间的距离大于肩宽 20 厘米以上。

三、身体姿态与稳定

在器械训练中，除了目标肌群和相关的关节参与运动外，非参与运动的肌群和关节应保持稳定的状态，即保持挺胸收腹，沉肩，下颚微收，双眼平视前方，脊柱保持自然生理弯曲，骨盆中立，从侧面看耳肩髋在一条直线上。

在坐姿或卧姿训练时，两脚自然分开，两脚踩实地面，头、脊柱和下肢各部位均保持一定的静态姿势，主要是上肢各部位的运动。身体与训练凳接触的位置一定要保持训练时躯干的稳定。

在站姿训练时，双脚自然开立，与髋同宽，双脚踩实地面，双膝微曲，各关节不超伸，不锁死，膝对准脚尖。

四、动作节奏

动作速度是指完成一次训练动作的时间，目标肌群向心收缩和离心收缩的时间。在完成动作训练过程中，为了不使用惯性的力量和避免受伤，练习时目标肌群向心收缩和离心收缩的时间一般控制在2～4秒，也就是说用力2～4秒，还原2～4秒。

五、呼吸方法

目标肌群做向心收缩时呼气（发力时呼气），做离心收缩时吸气（还原时吸气）。

六、保护带的使用

在进行大重量的杠铃半蹲、杠铃深蹲训练时，尽量使用腰部保护带，这样能够增加腹腔内的压力，减少脊柱的压力，从而保护脊柱。

七、抗阻训练的动作阶段

所有抗阻训练动作都包括两个阶段，即预备动作阶段和基本动作阶段。

预备动作阶段是对目标肌群进行锻炼前所作的准备工作阶段。在预备动作阶段，要使身体各部位所处的位置是合理的，并保持正确的身体姿态与稳定。

基本动作阶段是对目标肌群进行锻炼的主要阶段。基本动作阶段包括了目标肌群向心收缩和离心收缩两个过程，在这两个过程中，需要注意的是动作的轨迹、幅度、速度（节奏）和呼吸4个方面的技术要点。

第二节　抗阻训练的基础技术

抗阻训练动作技术的正确与否，关系到锻炼的安全性和有效性。作为健身专项的学生应该熟练掌握身体主要部位肌肉抗阻训练的正确动作技术。身体主要部位肌肉抗阻训练包括器械练习、自由重量练习（杠铃练习和哑铃练习）、弹力带或健身球练习、自重练习（利用自身体重的练习）等。下面我们对肩部肌群、胸部肌群、臂部肌群、背部肌群、腹部肌群、臀部肌群、腿部肌群的抗阻训练动作技术进行分析。

一、肩部肌群

（一）肩部肌肉抗阻训练

1. 目标肌群：三角肌前束

锻炼目的：增强其肌力与肌耐力。

动作名称：倒立俯卧撑/屈体俯卧撑（见图3-1）。

设计原理：这个动作阻力向下，对抗阻力向上过程中，肩关节做了一个屈的动作，因为三角肌前束在近固定、向心收缩、对抗阻力过程中有使肩关节屈的功能，肌肉功能与运动部位相吻合，所以设计这个动作可以锻炼到三角肌前束。

身体位置：找一块空地和瑜伽垫，双脚踩实于瑜伽垫外。

身体姿态：两脚自然开立，与髋同宽。弯腰俯身，两手支撑于瑜伽垫上，保持手、头与地面接近垂直，前臂弯曲，上身缓慢向下，然后做屈肩动作，发力向上，使身体呈倒"V"字形。从侧面看，耳肩髋在同一直线上。

稳定：身体躯干保持稳定，不要左右晃动。

运动轨迹：运动轨迹由下至上（与身体姿态矛盾）。

运动幅度：向下至小臂弯曲 90°，头不要碰地，向上至初始位置且肌张力不消失。

安全提示：全身各关节不要超伸锁死，身体保持稳定。

动作速度：用力 2～4 秒，还原 2～4 秒。

动作呼吸：向下时吸气，向上呼气。

运动量：每组完成 8～12 次，完成 4～5 组。

间歇时间：组间休息 60～90 秒。

图 3-1　倒立俯卧撑/屈体俯卧撑示范图

2. 目标肌群：三角肌前束

锻炼目的：提高三角肌前束的肌力与肌耐力。

器械名称：钢线拉力器/弹力带。

动作名称：拉力器/弹力带前平举（见图 3-2）。

设计原理：此动作阻力方向向下，在与阻力方向相反的运动环节中，大臂在肩关节处做了一个屈的动作，因为三角肌前束在近固定、向心收缩时，有使大臂在肩关节处屈的功能，肌肉功能与运动部位相吻合，所以设计这个动作可以锻炼到三角肌前束。

身体位置：（拉力器）首先将器械调至最低位，选择合适的配重及站位，双脚踩实地面，单手紧握握把，另一只手握住固定物。（弹力带）首先找一块空地并选择合适的弹力带，将弹力带中段踩于脚下，双脚踩实地面踩住弹力带，双手握住弹力带两端，使弹力带保持一定的张力，将弹力带置于身体前侧。

身体姿态：双脚开立与髋同宽，脚尖朝前，膝关节微屈朝脚尖方向，骨盆中立，挺胸收腹、沉肩、下颚微收，双眼平视前方，脊柱保持自然生理弯曲，从侧面看耳、肩、髋在一条直线上。

稳定：整个运动过程中全身各个部位不要前后左右晃动，以保持身体的稳定。

运动轨迹：由下向上，顶峰收缩后再由上还原至初始位置，且肌张力不消失。

运动幅度：手臂由下向上至身体正前面与地面平行，使三角肌前束充分收缩，还原至初始位置使钢线拉力器/弹力带张力不消失（且配重片不发出碰撞声音）、三角肌前束肌张力不消失。

安全提示：全身各关节不超伸锁死，身体保持稳定。

动作速度：用力时 2~4 秒，还原时 2~4 秒。

动作呼吸：用力时呼气，还原时吸气。

运动量：每组完成 8~12 次，完成 4~5 组。

间歇时间：组间休息 60~90 秒。

图 3-2　拉力器/弹力带前平举示范图

3. 目标肌群：三角肌前束

锻炼目的：提高三角肌前束的肌力与肌耐力。

器械名称：哑铃。

动作名称：哑铃站姿前平举（见图 3-3）。

设计原理：此动作阻力方向向下，在与阻力方向相反的运动环节中，大臂在肩关节处做了一个屈的动作，因为三角肌前束在近固定、向心收缩时，有使大臂在肩关节处屈的功能，肌肉功能与运动部位相吻合，所以设计这个动作可以锻炼到三角肌前束。

身体位置：选择合适的哑铃，双脚踩实地面，双手握住哑铃，置于身体前侧。

身体姿态：双脚开立与髋同宽，脚尖朝前，膝关节微屈朝脚尖方向，骨盆中立，挺胸收腹、沉肩、下颚微收，双眼平视前方，脊柱保持自然生理弯曲，从侧面看耳、肩、髋在一条直线上。

稳定：整个运动过程中全身各个部位不要前后左右晃动，以保持身体的稳定。

运动轨迹：由下向上，顶峰收缩后在由上还原至初始位置，且肌张力不消失。

运动幅度：手臂由下向上至高于肩，使三角肌前束充分收缩，还原至初始位置，三角肌前束肌张力不消失。

安全提示：全身各关节不超伸锁死，身体保持稳定。

动作速度：用力时 2~4 秒，还原时 2~4 秒。

动作呼吸：用力时呼气，还原时吸气。

运动量：每组完成 8~12 次，完成 4~5 组。

间歇时间：组间休息 60~90 秒。

图 3-3 哑铃站姿前平举示范图

4. 目标肌群：三角肌前束

锻炼目的：提高三角肌前束的肌力与肌耐力。

器械名称：哑铃。

动作名称：哑铃坐姿推举（见图3-4）。

设计原理：此动作阻力方向向下，在与阻力方向相反的运动环节中，大臂在肩关节处做了一个屈的动作，因为三角肌前束在近固定、向心收缩时，有使大臂在肩关节处屈的功能，肌肉功能与运动部位相吻合，所以设计这个动作可以锻炼到三角肌前束。

身体位置：坐于直角凳上，双脚踩实地面，双手握住哑铃，置于身体两侧。

身体姿态：双脚分开，脚尖朝前，膝关节微屈朝脚尖方向，骨盆中立，挺胸收腹、沉肩、下颚微收，双眼平视前方，脊柱保持自然生理弯曲，从侧面看耳、肩、髋在一条直线上。

稳定：整个运动过程中全身各个部位不要前后左右晃动，以保持身体的稳定。

运动轨迹：由下向上，顶峰收缩后再由上还原至初始位置，且肌张力不消失。

运动幅度：手臂由下向上至趋近伸直，使三角肌前束充分收缩，还原至初始位置，三角肌前束肌张力不消失。

图3-4　哑铃坐姿推举示范图

安全提示：全身各关节不超伸锁死，身体保持稳定。

动作速度：用力时 2～4 秒，还原时 2～4 秒。

动作呼吸：用力时呼气，还原时吸气。

运动量：每组完成 8～12 次，完成 4～5 组。

间歇时间：组间休息 60～90 秒。

5. 目标肌群：三角肌前束

锻炼目的：提高三角肌前束的肌力与肌耐力。

器械名称：杠铃。

动作名称：杠铃坐姿推举（见图 3-5）。

设计原理：此动作阻力方向向下，在与阻力方向相反的运动环节中，大臂在肩关节处做了一个屈的动作，因为三角肌前束在近固定、向心收缩时，有使大臂在肩关节处屈的功能，肌肉功能与运动部位相吻合，所以设计这个动作可以锻炼到三角肌前束。

身体位置：坐于直角凳上，双脚踩实地面，双手握住哑铃，置于身体两侧。

身体姿态：双脚分开，脚尖朝前，膝关节微屈朝脚尖方向，骨盆中立，挺胸收腹、沉肩、下颚微收，双眼平视前方，脊柱保持自然生理弯曲，从侧面看耳、肩、髋在一条直线上。

稳定：整个运动过程中全身各个部位不要前后左右晃动，以保持身体的稳定。

运动轨迹：由下向上，顶峰收缩后再由上还原至初始位置，且肌张力不消失。

运动幅度：手臂由下向上至趋近伸直，使三角肌前束充分收缩，还原至初始位置，三角肌前束肌张力不消失。

安全提示：全身各关节不超伸锁死，身体保持稳定。

动作速度：用力时 2～4 秒，还原时 2～4 秒。

动作呼吸：用力时呼气，还原时吸气。

运动量：每组完成 6～8 次，完成 4～5 组。

间歇时间：组间休息60～90秒。

图3-5　杠铃坐姿推举示范图

6. 目标肌群：三角肌前束

锻炼目的：提高三角肌前束的肌力与肌耐力。

器械名称：杠铃。

动作名称：杠铃提拉（见图3-6）。

设计原理：此动作阻力方向向下，在与阻力方向相反的运动环节中，大臂在肩关节处做了一个屈的动作，因为三角肌前束在近固定、向心收缩时，有使大臂在肩关节处屈的功能，肌肉功能与运动部位相吻合，所以设计这个动作可以锻炼到三角肌前束。

身体位置：选择合适的杠铃，双脚踩实地面，双手握住杠铃，置于身体前侧。

身体姿态：双脚分开，脚尖朝前，膝关节微屈朝脚尖方向，骨盆中立，挺胸收腹、沉肩、下颚微收，双眼平视前方，脊柱保持自然生理弯曲，从侧面看耳、肩、髋在一条直线上。

稳定：整个运动过程中全身各个部位不要前后左右晃动，以保持身体的稳定。

运动轨迹：由下向上，顶峰收缩后再由上还原至初始位置，且肌张力不消失。

运动幅度：手臂由下向上至杠铃与肩同高，使三角肌前束充分收缩，还原至初始位置，三角肌前束肌张力不消失。

安全提示：全身各关节不超伸锁死，身体保持稳定。

动作速度：用力时 2～4 秒，还原时 2～4 秒。

动作呼吸：用力时呼气，还原时吸气。

运动量：每组完成 8～12 次，完成 4～5 组。

间歇时间：组间休息 60～90 秒。

图 3-6　杠铃提拉示范图

7. 目标肌群：三角肌中束

锻炼目的：提高三角肌中束肌力与肌耐力。

器械名称：哑铃。

动作名称：哑铃站姿侧平举（见图 3-7）。

设计原理：此动作阻力方向向下，在与阻力方向相反的运动环节中，大臂在肩关节处做了一个外展的动作，因为三角肌中束在近固定做向心收缩时，有使大臂在肩关节外展的功能，肌肉功能与运动部位相吻合，所以设计这个动作可以锻炼到三角肌中束。

身体位置：选择合适的哑铃，双脚开立，双手闭握握住哑铃，置于身体前侧。

身体姿态：双脚开立与髋同宽，脚尖朝前，膝关节微屈朝脚尖方向，骨盆中立，挺胸收腹、沉肩、下颚微收，双眼平视前方，脊柱保持自然生理弯曲，从侧面看耳、肩、髋在一条直线上。

稳定：整个运动过程中全身各个部位不要前后左右晃动，以保持身体的稳定。

运动轨迹：由下向上，顶峰收缩后再由上还原成初始位置，且保持肌张力不消失。

运动幅度：由下向上至手臂与地面平行，使三角肌中束做充分收缩，还原至初始位置，且三角肌中束肌张力不消失。

安全提示：全身各关节不超伸锁死，身体保持稳定。

动作速度：用力时2～4秒，还原时2～4秒。

动作呼吸：用力时呼气，还原时吸气。

运动量：每组完成8～12次，完成4～5组。

间歇时间：组间休息60～90秒。

图3-7　哑铃站姿侧平举示范图

8. 目标肌群：三角肌中束

锻炼目的：增强肌力与肌耐力。

动作名称：高低位切换平板支撑（见图3-8）。

设计原理：这个动作阻力向下，对抗阻力向上过程中，肩关节做了一个外展的动作，因为三角肌中束在近固定、向心收缩、对抗阻力过程中有使肩关节外展的功能，肌肉功能与运动部位相吻合，所以设计这个动作可以锻炼到三角肌中束。

身体位置：找一块空地和瑜伽垫，在瑜伽垫上做好平板支撑的动作。

身体姿态：以平板支撑的动作在瑜伽垫上，双手与肩同宽，侧面看耳肩髋在同一直线上，双手依次伸直到俯卧撑的准备动作。然后依次恢复到初始动作，以此循环。

稳定：身体躯干保持稳定，不要左右晃动。

运动轨迹：由下至上，顶峰收缩后再由上还原至初始位置，且肌张力不消失。

运动幅度：向上至肘关节微屈，向下至初始位置且肌张力不消失。

安全提示：全身各关节不要超伸锁死，身体保持稳定。

动作速度：用力2～4秒，还原2～4秒。

动作呼吸：向下时吸气，向上呼气。

运动量：每组完成2～3分钟，完成4～5组。

间歇时间：组间休息60～90秒。

图3-8　高低位切换平板支撑示范图

9. 目标肌群：三角肌后束

锻炼目的：提高三角肌后束肌力与肌耐力。

器械名称：钢线拉力器/弹力带。

动作名称：拉力器/弹力带站姿反向飞鸟（见图3-9）。

设计原理：此动作阻力方向向下，在与阻力方向相反的运动环节中，大臂在肩关节处做了一个水平伸的动作，因为三角肌后束在近固定、向心收缩时，有使大臂在肩关节水平伸的功能，肌肉功能与运动部位相吻合，所以设计这个动作可以锻炼到三角肌后束。

身体位置：（拉力器）首先将滑轮把手调至与肩同高，并选择合适的配重及站位，双脚踩实地面，单手采用闭握，对握握住把手并置于身体前侧，另一只手握住固定物。（弹力带）首先找一块空地并选择合适的弹力带，将弹力带中段固定在身体正前方，双脚踩实地面，双手正握弹力带两端，使弹力带保持一定的张力，并将弹力带置于身体正前方。

身体姿态：双脚开立与髋同宽，脚尖朝前，膝关节微屈朝脚尖方向，骨盆中立，挺胸收腹、沉肩、下颚微收，双眼平视前方，脊柱保持自然生理弯曲，从侧面看耳、肩、髋在一条直线上。

稳定：整个运动过程中全身各个部位不要前后左右晃动，以保持身体的稳定。

运动轨迹：由前向后，顶峰收缩后再由后还原至初始位置，且肌张力不消失。

运动幅度：手臂由前向后至与肩在同一水平面上，使三角肌后束充分收缩，还原至初始位置使钢线拉力器/弹力带张力不消失（且配重片不发出声响）、三角肌后束肌张力不消失。

安全提示：全身各关节不超伸锁死，身体保持稳定。

动作速度：用力时2～4秒，还原时2～4秒。

动作呼吸：用力时呼气，还原时吸气。

运动量：每组完成8～12次，完成4～5组。

间歇时间：组间休息60～90秒。

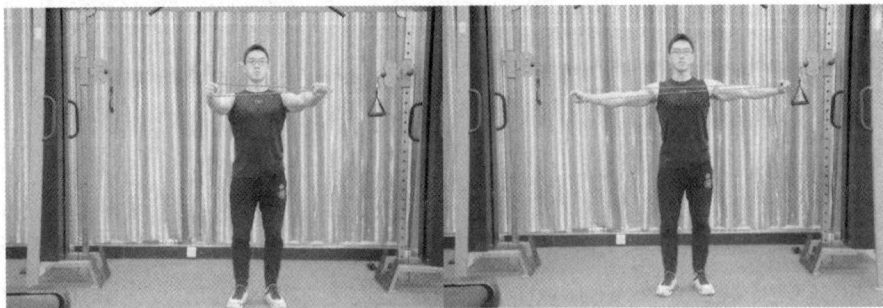

图3-9 拉力器/弹力带站姿反向飞鸟示范图

10. 目标肌群：三角肌后束

锻炼目的：提高三角肌前束的肌力与肌耐力。

器械名称：杠铃。

动作名称：杠铃坐姿颈后推举（见图3-10）。

设计原理：此动作阻力方向向下，在与阻力方向相反的运动环节中，大臂在肩关节处做了一个屈的动作，因为三角肌前束在近固定、向心收缩时，有使大臂在肩关节处屈的功能，肌肉功能与运动部位相吻合，所以设计这个动作可以锻炼到三角肌后束。

身体位置：坐于直角凳上，双脚踩实地面，双手握住哑铃，置于身体两侧。

身体姿态：双脚分开，脚尖朝前，膝关节微屈朝脚尖方向，骨盆中立，挺胸收腹、沉肩、下颚微收，双眼平视前方，脊柱保持自然生理弯曲，从侧面看耳、肩、髋在一条直线上。

稳定：整个运动过程中全身各个部位不要前后左右晃动，以保持身体的稳定。

运动轨迹：由下向上，顶峰收缩后再由上还原至初始位置，且肌张力不消失。

运动幅度：手臂由下向上至趋近伸直，使三角肌前束充分收缩，还原至初始位置，三角肌前束肌张力不消失。

安全提示：全身各关节不超伸锁死，身体保持稳定。

图3-10　杠铃坐姿颈后推举示范图

动作速度：用力时 2~4 秒，还原时 2~4 秒。

动作呼吸：用力时呼气，还原时吸气。

运动量：每组完成 5~8 次，完成 4~5 组。

间歇时间：组间休息 60~90 秒。

11. 目标肌群：三角肌后束

锻炼目的：提高三角肌后束肌力与肌耐力。

器械名称：哑铃。

动作名称：哑铃站姿俯身反向飞鸟（见图 3-11）。

设计原理：此动作阻力方向向下，在与阻力方向相反的运动环节中，大臂在肩关节处做了一个水平伸的动作，因为三角肌后束在近固定、向心收缩时，有使大臂在肩关节水平伸的功能，肌肉功能与运动部位相吻合，所以设计这个动作可以锻炼到三角肌后束。

身体位置：选择合适的哑铃，双脚开立，向前俯身，脊椎保持自然生理弯曲，手臂自然下垂。

身体姿态：双脚开立与髋同宽，脚尖朝前，膝关节微屈朝脚尖方向，挺胸收腹、沉肩、下颚微收，脊柱保持自然生理弯曲，从侧面看耳、肩、髋在一条直线上。

稳定：整个运动过程中全身各个部位不要前后左右晃动，以保持身体的稳定。

运动轨迹：由前向后，顶峰收缩后再由后还原至初始位置，且肌张力不消失。

运动幅度：手臂由前向后至与肩在同一水平面上，使三角肌后束充分收缩，还原至初始位置，三角肌后束肌张力不消失。

安全提示：全身各关节不超伸锁死，身体保持稳定。

动作速度：用力时 2~4 秒，还原时 2~4 秒。

动作呼吸：用力时呼气，还原时吸气。

运动量：每组完成 8~12 次，完成 4~5 组。

间歇时间：组间休息 60~90 秒。

图 3-11 哑铃站姿俯身反向飞鸟示范图

12. 目标肌群：肩胛下肌

训练目的：增强肌肉力量与肌肉耐力。

器械名称：拉力器。

动作名称：拉力器站姿肩内旋（见图 3-12）。

设计原理：此动作阻力方向向外，在与阻力方向相反的运动环节中，大臂在肩关节做了内旋的动作，因为肩胛下肌在近固定对抗阻力向心收缩时有使大臂在肩关节内旋的功能，肌肉功能与运动部位相吻合，所以可以锻炼到目标肌群。

身体位置：首先选择合适重量的配重片，调节拉力器到肘关节高度，闭握把手。双脚踩实地面，身体直立。

稳定：双脚打开与髋同宽，脚尖朝前、膝关节朝向脚尖方向。骨盆中立、收腹、挺胸、沉肩、下颚微收，双眼平视前方，脊柱保持自然生理弯曲，从侧面看耳、肩、髋在同一条直线，躯干保持稳定。肘关节保持90°放于身体侧面。

轨迹：由外向内。

运动幅度：向内发力至肩胛下肌充分收缩，向外还原至初始位置，肌张力不消失，配重片不接触。

安全提示：腕关节中立、腰椎保持中立、身体不左右晃动避免损伤。

速度：发力2~4秒，还原2~4秒。

呼吸：用力时呼气，还原时吸。

运动量：每组完成8~12次，完成4~5组。

间歇时间：组间休息60~90秒。

图3-12　拉力器站姿肩内旋示意图

13. 目标肌群：斜方肌上束

训练目的：增强肌肉力量与肌肉耐力。

器械名称：钢线拉力器。

动作名称：拉力器站姿耸肩（见图3-13）。

设计原理：此动作阻力方向向下，在与阻力方向相反的运动环节中，肩胛骨做了上提的动作。因为斜方肌上束在近固定对抗阻力向心收缩时有肩胛骨上提的功能，肌肉功能与运动部位相符合，所以可以锻炼到斜方肌上束。

身体位置：把拉力器调节到最下端，双脚自然开立。

稳定：脚尖膝盖向前，保持收腹挺胸腰背挺直，下颚微收，双眼目视前方，从侧面看耳、肩、髋保持一条直线，骨盆保持中立，脊柱保持自然生理弯曲。

轨迹：由下向上发力，顶峰收缩后再由上向下还原至初始位置，且肌张力不消失。

运动幅度：向上发力至肩胛骨充分上提，斜方肌上束充分收缩，向下还原至初始位置，肌肉张力不消失。

安全提示：身体各关节不要超伸或锁死，以免造成运动损伤。

速度：发力 2～4 秒，还原 2～4 秒 。

呼吸：发力时吐气，还原时吸气。

运动量：每组完成 8～12 次，完成 4～5 组。

间歇时间：组间休息 60～90 秒。

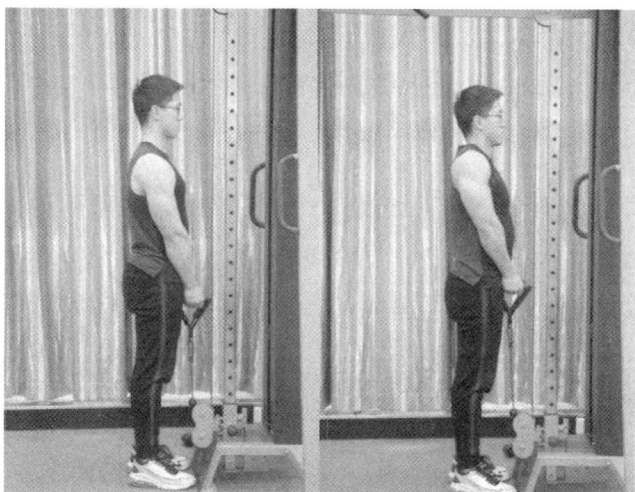

图 3-13 拉力器站姿耸肩示范图

14. 目标肌群：斜方肌中下束

训练目的：增强肌肉力量与肌肉耐力。

器械名称：钢线拉力器。

动作名称：拉力器站姿直臂肩胛骨后缩（见图 3-14）。

设计原理：此动作阻力方向向前，在与阻力方向相反的运动环节中，肩胛骨做了后缩的运动。因为斜方肌中下束在近固定对抗阻力向心收缩时有肩胛骨的功能，肌肉功能与运动部位一致，所以可以训练到斜方肌中下束。

身体位置：把拉力器调节到略比肩低，双脚自然开立，双手采用正握、中握、闭握，握住把手。

稳定：脚尖膝盖向前，保持收腹挺胸腰背挺直，下颚微收，双眼目视前方，从侧面看耳、肩、髋保持一条直线，骨盆保持中立，脊柱保持自然生理弯曲。

轨迹：由前向后发力，顶峰收缩后再由后向前还原至初始位置，且肌张力不消失。

运动幅度：发力至肩胛骨充分后缩，还原至初始位置，配重片不发生碰撞，保持肌肉张力不消失。

安全提示：肘关节不要超伸锁死。

速度：发力 2～4 秒，还原 2～4 秒。

呼吸：发力时吐气，还原时吸气。

运动量：每组完成 8～12 次，完成 4～5 组。

间歇时间：组间休息 60～90 秒。

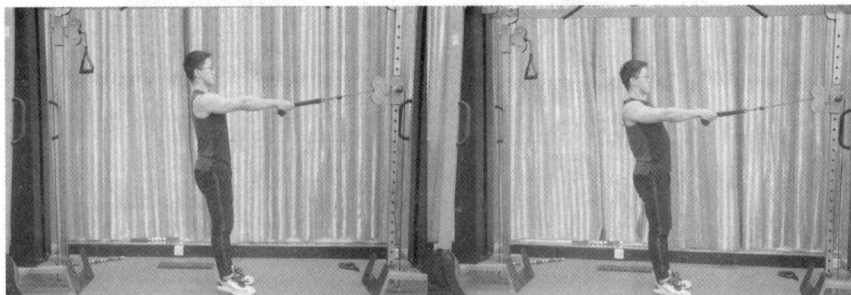

图 3-14　拉力器站姿直臂肩胛骨后缩示范图

（二）肩部热身训练动作与技术

1. 目标肌群：三角肌前束

锻炼目的：激活三角肌前束肌肉。

器械名称：哑铃。

动作名称：哑铃侧上举（见图 3-15）。

设计原理：此动作阻力方向向下，在与阻力方向相反的运动环节中，大臂在肩关节处做了一个外展的动作，因为三角肌前束在近固定、向心收缩时，有使大臂在肩关节处屈的功能，肌肉功能与运动部位相吻合，所以设计这个动作可以热身激活到三角肌前束。

身体位置：选择合适的哑铃配重及站位，双脚踩实地面，双手掌心向前反握哑铃，置于身体前侧，将哑铃置于身体前侧。

身体姿态：身体自然站立，挺胸沉肩，两脚自然开立，双脚开立与髋同宽，脚尖朝前，膝关节微屈朝脚尖方向，骨盆中立，挺胸收腹、沉肩、下颚微收，双眼平视前方，脊柱保持自然生理弯曲，从侧面看耳、肩、髋在一条直线上。

稳定：整个运动过程中全身各个部位不要前后左右晃动，以保持身体的稳定。

运动轨迹：从身体侧由下向上，稍停顿做顶峰收缩后缓慢下落至原位。

运动幅度：手臂由下向上至最高点，两臂上举平行状态，手臂侧面与身体保持在同一水平面上，使三角肌前束充分收缩，还原至体前使哑铃保持张力。

安全提示：全身各关节不要超伸锁死，身体保持稳定。

动作速度：用力时 2～4 秒，还原时 2～4 秒。

动作呼吸：用力时呼气，还原时吸气。

运动量：每组完成 8～12 次，完成 4～5 组。

间歇时间：组间休息 60～90 秒。

图 3-15　哑铃侧上举示范图

2. 目标肌群：三角肌中束

锻炼目的：激活三角肌中束肌肉。

器械名称：弹力带。

动作名称：弹力带站姿侧平举绕环（见图 3-16）。

设计原理：此动作阻力方向向下，在与阻力方向相反的运动环节中，大臂在肩关节处做了一个外展的动作同时紧接做环转，因为三角肌中束在近固定向心收缩时，有使大臂在肩关节外展何环转的功能，肌肉功能与运动部位相吻合，所以设计这个动作可以锻炼到三角肌中束。

身体位置：首先找一块空地并选择合适的弹力带，将弹力带中段踩于脚下，双脚踩实地面踩住弹力带，双手紧握住弹力带两端，使弹力带保持一定的张力，并将弹力带置于身体两侧。肘关节微屈，略比额状面向前。

身体姿态：双脚开立与髋同宽，脚尖朝前，膝关节微屈朝脚尖方向，骨盆中立，挺胸收腹、沉肩、下颚微收，双眼平视前方，脊柱保持自然生理弯曲，从侧面看耳、肩、髋在一条直线上。

稳定：整个运动过程中全身各个部位不要前后左右晃动，以保持身体的稳定。

运动轨迹：由下向上，手臂平行于地面，顶峰收缩后，手臂小幅度地进行前后绕环。

运动幅度：由下向上至手臂与地面平行，使三角肌中束充分收缩，保持手臂以肩关节为轴进行小幅度绕环，保持弹力带张力不消失、三角肌中束肌张力不消失。

安全提示：全身各关节不要超伸锁死，身体保持稳定。

动作速度：绕环 1～2 秒。

动作呼吸：匀速呼吸。

运动量：每组完成 8～12 次，完成 4～5 组。

间歇时间：组间休息 60～90 秒。

图 3-16　弹力带站姿侧平举绕环示范图

3. 目标肌群：三角肌后束

锻炼目的：激活三角肌后束肌肉。

器械名称：哑铃。

动作名称：哑铃站姿屈肘外旋（见图 3-17）。

设计原理：此动作阻力方向向下，在与阻力方向相反的运动环节中，大臂在肩关节处做了一个旋外的动作，因为三角肌后束在近固定、向心收缩时，有使大臂在肩关节旋外的功能，肌肉功能与运动部位相吻合，所以设计这个动作可以激活到三角肌后束。

身体位置：首先找一块空地并选择合适的哑铃，大臂夹紧躯干，屈肘 90°对握哑铃在身体正前方。

身体姿态：双脚开立与髋同宽，脚尖朝前，膝关节微屈朝脚尖方向，骨盆中立，挺胸收腹、沉肩、下颚微收，双眼平视前方，脊柱保持自然生理弯曲，从侧面看耳、肩、髋在一条直线上。

稳定：整个运动过程中全身各个部位不要前后左右晃动，以保持身体的稳定。

运动轨迹：以肩关节由内向外，顶峰收缩后再由后还原至初始位置，且肌张力不消失。

运动幅度：手臂由内向外做外旋，使三角肌后束充分收缩，还原至初始位置，三角肌后束肌张力不消失。

安全提示：全身各关节不要超伸锁死，身体保持稳定。

动作速度：用力时 2～4 秒，还原时 2～4 秒。

动作呼吸：用力时呼气，还原时吸气。

运动量：每组完成 8～12 次，完成 4～5 组。

间歇时间：组间休息 60～90 秒。

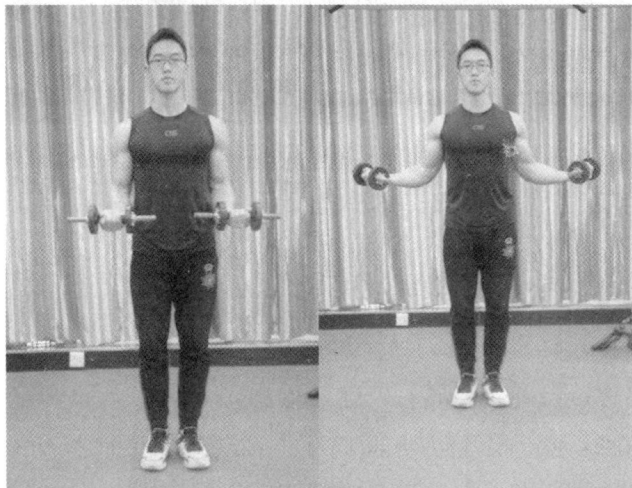

图 3-17　哑铃站姿屈肘外旋示范图

4. 目标肌群：肩胛下肌

训练目的：激活肩胛下肌。

器械名称：哑铃。

动作名称：哑铃斜上举（见图 3-18）。

设计原理：此动作阻力方向向下，在与阻力方向相反的运动环节中，上臂在肩胛下肌带动下做了内收的运动，因为肩胛下肌在近固定对抗阻力向心收缩时有使上臂在肩关节内收的功能，肌肉功能与运动部位相吻合，所以可以训练到目标肌群。

身体位置：首先选择合适重量的哑铃，双手握哑铃放于身体前侧。

稳定：双脚打开与髋同宽，脚尖朝前、膝关节朝向脚尖方向。骨盆中立、收腹、挺胸、沉肩、下颚微收，双眼平视前方，脊柱保持自然生理弯曲，从侧面看耳、肩、髋在同一条直线，躯干保持稳定。

轨迹：由体前向斜上方举起，至肩胛下肌充分收缩，向外还原至初始位置，肌张力不消失，腕关节中立、腰椎保持中立、身体不左右晃动避免损伤。

速度：发力 2～4 秒，还原 2～4 秒。

呼吸：用力时呼气，还原时吸气。

运动量：每组完成 8～12 次，完成 4～5 组。

间歇时间：组间休息 60～90 秒。

图 3-18　哑铃斜上举示范图

5. 目标肌群：斜方肌中下束

训练目的：激活斜方肌中下束肌肉。

器械名称：弹力带。

动作名称：弹力带下拉（见图 3-19）。

设计原理：此动作阻力方向上，在与阻力方向相反的运动环节中，肩胛骨做了后缩的运动。因为斜方肌中下束在近固定对抗阻力向心收缩时，有肩胛骨后缩的功能，肌肉功能与运动部位相吻合，所以可以训练到斜方肌中下束。

身体位置：将弹力带固定于身体前上方，双脚自然开立，双手对握弹力带。

稳定：脚尖膝盖向前跪于瑜伽垫上，保持收腹挺胸腰背挺直，下颚微收，双眼目视前方，从侧面看耳、肩、髋保持一条直线，骨盆保持中立，脊柱保持自然生理弯曲。

轨迹：由上向下发力，顶峰收缩后再由下向上还原至初始位置，且肌张力不消失。

运动幅度：发力至肩胛骨充分后缩，斜方肌中下束充分收缩，还原至初始位置，保持肌肉张力不消失。

安全提示：肘关节不要超伸锁死。

速度：发力 2~4 秒，还原 2~4 秒 。

呼吸：发力时吐气，还原时吸气。

运动量：每组完成 8~12 次，完成 4~5 组。

间歇时间：组间休息 60~90 秒。

图 3-19　弹力带下拉示范图

二、胸部肌群抗阻训练

（一）胸部肌肉抗阻训练

1. 目标肌群：胸大肌

锻炼目的：增强其肌力与肌耐力。

器械名称：自重。

动作名称：俯卧撑/跪姿俯卧撑（见图3-20）。

设计原理：这个动作阻力向下，对抗阻力向上过程中，大臂在肩关节处做了一个屈的动作，因为胸大肌在近固定、向心收缩、对抗阻力过程中有使大臂在肩关节屈的功能，肌肉功能与运动部位相吻合，所以设计这个动作可以锻炼到胸大肌。

身体位置：找一块空地和瑜伽垫，双脚踩实于瑜伽垫外。

身体姿态：双臂分开，略比肩宽。脚尖支地，腹部收紧。使身体保持一条直线，然后双肘向两侧分开，缓慢下降身体到上身贴近地面。略作停顿，再控制还原。落时吸气，上时呼气。

稳定：身体躯干保持稳定，不要左右晃动。

运动轨迹：由下至上，顶峰收缩后再由上还原至初始位置，且肌张力不消失。

运动幅度：向下至大臂与小臂成90°，头不要碰地，向上至初始位置且肌张力不消失。

安全提示：全身各关节不要超伸锁死，身体保持稳定。

动作速度：用力2～4秒，还原2～4秒。

动作呼吸：向下时吸气，向上呼气。

运动量：每组完成20～30次，完成4～5组。

间歇时间：组间休息60～90秒。

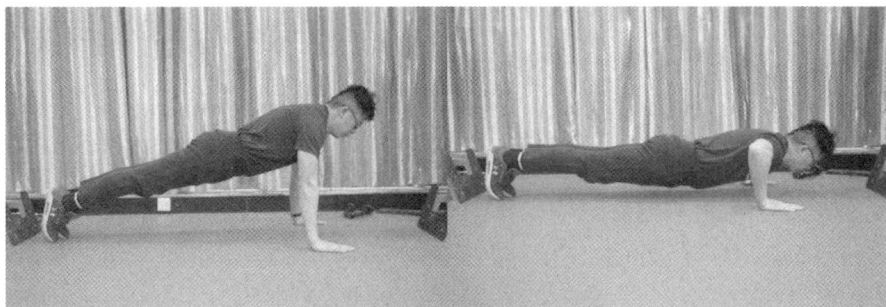

图3-20　俯卧撑/跪姿俯卧撑示范图

2. 目标肌群：胸大肌

训练目的：增强肌肉力量与肌肉耐力。

器械名称：钢线拉力器。

动作名称：拉力器夹胸（见图3-21）。

设计原理：此动作阻力方向向后，在与阻力方向相反的运动环节中，大臂在肩关节处做了水平屈的运动。因为胸大肌在近固定对抗阻力向心收缩时有使大臂在肩关节处水平屈的功能，肌肉功能与运动部位相吻合，所以可以训练到胸大肌。

身体位置：把钢线拉力器调节到略比肩低，双脚前后开立，双手采用对握、闭握，握住把手。

身体姿态：脚尖膝盖向前，保持收腹挺胸腰背挺直，下颚微收，双眼目视前方，骨盆保持中立，脊柱保持自然生理弯曲。

稳定：身体保持稳定，不要前后左右晃动。

轨迹：由后向前发力，顶峰收缩后由前向后还原至初始位置，且肌张力不消失。

运动幅度：向前发力至双手置于胸前，手臂自然伸直，胸大肌充分收缩。向后还原至双手到身体两侧，与身体平行，保持肌肉张力不消失。

安全提示：全身各个关节不超伸锁死，腕关节保持中立位。

图3-21　拉力器夹胸示范图

速度：发力 2～4 秒，还原 2～4 秒。

呼吸：发力时吐气，还原时吸气。

运动量：每组完成 8～12 次，完成 4～5 组。

间歇时间：组间休息 60～90 秒。

3. 目标肌群：胸大肌

训练目的：增强肌肉力量与肌肉耐力。

器械名称：坐姿推胸器。

动作名称：坐姿推胸（见图 3-22）。

设计原理：此动作阻力方向向后，在与阻力方向相反的运动环节中，大臂在肩关节处做了水平屈的运动。因为胸大肌在近固定对抗阻力向心收缩时有使大臂在肩关节处水平屈的功能，肌肉功能与运动部位相吻合，所以可以训练到胸大肌。

身体位置：选择合适的重量，双脚踩实地面，双手闭握，握住把手。

身体姿态：脚尖膝盖向前，保持收腹挺胸腰背挺直，下颚微收，双眼目视前方，骨盆保持中立，脊柱保持自然生理弯曲。

稳定：身体保持稳定，不要前后左右晃动。

轨迹：由后向前发力，顶峰收缩后由前向后还原至初始位置，且肌张力不消失。

运动幅度：向前发力至手臂伸直微曲，胸大肌充分收缩。向后还原至双手到身体两侧，与身体平行，保持肌肉张力不消失。

安全提示：全身各个关节不超伸锁死，腕关节保持中立位。

速度：发力 2～4 秒，还原 2～4 秒。

呼吸：发力时吐气，还原时吸气。

运动量：每组完成 8～12 次，完成 4～5 组。

间歇时间：组间休息 60～90 秒。

图 3-22　坐姿推胸示范图

4. 目标肌群：胸大肌

训练目的：增强肌肉力量与肌肉耐力。

器械名称：平板卧推器。

动作名称：平板卧推（见图 3-23）。

设计原理：此动作阻力方向向下，在与阻力方向相反的运动环节中，大臂在肩关节处做了水平屈的动作。因为胸大肌在近固定对抗阻力向心收缩时，有大臂在肩关节处水平屈的功能，肌肉功能与运动部位相吻合，可以训练到胸大肌。

身体位置：仰卧于平板上，双脚分开踩实地面，双手采用中握距、闭握握住杠铃。

身体姿态：脚尖、膝盖向前，保持收腹、挺胸、腰背挺直，沉肩下颚微收，双眼目视上方，从侧面看耳、肩、髋保持一条直线，骨盆保持中立，脊柱保持自然生理弯曲。

稳定：身体保持稳定，不要前后左右晃动。

轨迹：由下向上发力，顶峰收缩后再由上向下还原至初始位置，且保持肌张力不消失。

运动幅度：向上发力至双手置于胸前，手臂自然伸直，胸大肌充分收缩。向下还原至大臂与地面平行，小臂垂直于地面，保持肌张力不消失。

安全提示：肘关节不超伸锁死，腕关节保持中立位。

速度：发力 2～4 秒，还原 2～4 秒。

呼吸：发力时吐气，还原时吸气。

运动量：每组完成 6～8 次，完成 4～5 组。

间歇时间：组间休息 60～90 秒。

图 3-23 平板卧推示范图

5. 目标肌群：胸大肌上沿

训练目的：锻炼胸大肌上沿的肌力与肌耐力。

器械名称：上斜卧推器。

动作名称：上斜卧推（见图 3-24）。

动作原理：这个动作阻力向下，在与阻力相反的运动环节中，上臂在肩关节做水平屈的动作，胸大肌上沿在近固定对抗阻力向心收缩时，有使上臂在肩关节处屈的功能，运动部位与肌肉功能相吻合，所以这个动作可以锻炼到胸大肌上沿。

身体位置：平躺于上斜卧推器上，双手握住杠铃。

身体姿态：双脚自然分开，脚掌踩实地面，脊柱保持自然生理弯曲，双手闭握，略比肩宽握住杠铃。

稳定：运动过程中保持身体不左右晃动，保持身体稳定。

运动轨迹：由下向上发力，顶峰收缩后再由上向下还原至初始位置，且肌张力不消失。

运动幅度：向上发力至胸大肌上沿有明显紧张感，向内还原至初始位，还原时控制下降，不要突然放松。

安全提示：整个运动过程中各关节不超伸不锁死，以免受到损伤。

运动时间：向上发力 2~4 秒，向下还原 2~4 秒。

运动呼吸：向上发力呼气，向下还原吸气。

运动量：每组完成 6~8 次，完成 4~5 组。

间歇时间：组间休息 60~90 秒。

图 3-24 上斜卧推示范图

6. 目标肌群：胸大肌下沿

训练目的：锻炼胸大肌下沿的肌力与肌耐力。

器械名称：下斜卧推器。

动作名称：下斜卧推（见图 3-25）。

动作原理：这个动作阻力向下，在与阻力相反的运动环节中，大臂在肩关节做水平屈的动作，胸大肌下沿在近固定对抗阻力向心收缩时，有使大臂在肩关节处屈的功能，运动部位与肌肉功能相吻合，所以这个动作可以锻炼到胸大肌下沿。

身体位置：平躺于下斜卧推器上，双手握住杠铃。

身体姿态：双脚自然分开，脚掌踩实地面，脊柱保持自然生理弯曲，双手闭握，略比肩宽握住杠铃。

稳定：运动过程中保持身体不左右晃动，保持身体稳定。

运动轨迹：由下向上发力，顶峰收缩后再由上向下还原至初始位置，肌张力不消失。

运动幅度：向上发力至胸大肌上沿有明显紧张感，向内还原至初始位，还原时控制下降，不要突然放松。

安全提示：整个运动过程中各关节不要超伸锁死，以免受到损伤。

运动时间：向上发力 2~4 秒，向下还原 2~4 秒。

运动呼吸：向上发力呼气，向下还原吸气。

运动量：每组完成 6~8 次，完成 4~5 组。

间歇时间：组间休息 60~90 秒。

图 3-25　下斜卧推示范图

7. 目标肌群：胸大肌下沿

训练目的：锻炼胸大肌下沿的肌力与肌耐力。

器械名称：双杠。

动作名称：双杠臂屈伸（见图 3-26）。

动作原理：这个动作阻力向下，在与阻力相反的运动环节中，大臂在肩关节做水平屈的动作，胸大肌下沿在近固定对抗阻力向心收缩时，有使大臂在肩关节处屈的功能，运动部位与肌肉功能相吻合，所以这个动作可以锻炼到胸大肌下沿。

身体位置：双手握住双杠，撑于双杠上。

身体姿态：双脚并拢，脊柱保持自然生理弯曲，双手闭握，下颚微收。

稳定：运动过程中保持身体不左右晃动，保持身体稳定。

运动轨迹：由下向上发力，顶峰收缩后再由上向下还原至初始位置，肌张力不消失。

运动幅度：向上发力至胸大肌上沿有明显紧张感，向内还原至初始位，还原时控制下降，不要突然放松。

安全提示：整个运动过程中各关节不要超伸锁死，以免受到损伤。

运动时间：向上发力 2～4 秒，向下还原 2～4 秒。

运动呼吸：向上发力呼气，向下还原吸气。

运动量：每组完成 8～12 次，完成 4～5 组。

间歇时间：组间休息 60～90 秒。

图 3-26　双杠臂屈伸示范图

（二）胸部热身训练动作与技术

1. 目标肌群：胸大肌

训练目的：激活胸大肌。

器械名称：弹力带。

动作名称：弹力带俯卧撑（见图 3-27）。

设计原理：这个动作阻力向下，对抗阻力向上过程中，大臂在肩关节处做了一个水平屈的动作，因为胸大肌在近固定、向心收缩、对抗阻力过程中有使大臂在肩关节屈的功能，肌肉功能与运动部位相吻合，所以设计这个动作可以锻炼到胸大肌。

身体位置：找一块空地和瑜伽垫，双脚踩实于瑜伽垫外，双手紧握弹力带撑于背后。

身体姿态：双臂分开，比肩略宽。脚尖支地，用腰腹力量控制躯干成一条直线。然后双肘向两侧分开，缓慢下降身体到上身贴近地面。略作停顿，再控制还原。落时吸气，上时呼气。

稳定：身体躯干保持稳定，不要左右晃动。

运动轨迹：由下至上，顶峰收缩后再由上还原至初始位置，且肌张力不消失。

运动幅度：向下至小臂弯曲 90°，头不要碰地，向上至初始位置且肌张力不消失。

安全提示：全身各关节不要超伸锁死，身体保持稳定。

动作速度：用力 2～4 秒，还原 2～4 秒。

动作呼吸：向下时吸气，向上呼气。

运动量：每组完成 8～12 次，完成 4～5 组。

间歇时间：组间休息 60～90 秒。

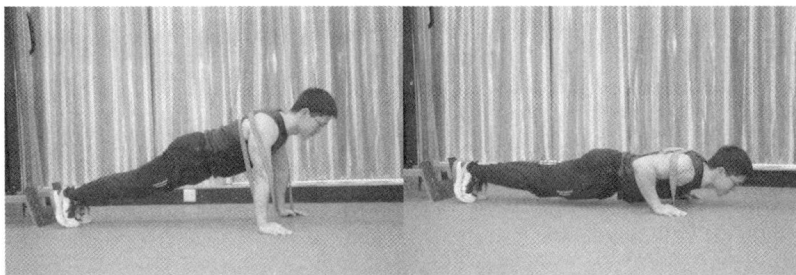

图 3-27　弹力带俯卧撑示范图

2. 目标肌群：胸大肌上沿

训练目的：激活胸大肌上沿肌肉。

选择器械：卧推凳、哑铃。

选择动作：上斜哑铃卧推（见图3-28）。

示范动作：调整器械，做3～5个示范动作。

动作原理：这个动作阻力向下，在与阻力相反的运动环节中，上臂在肩关节做水平屈的动作，胸大肌上沿在近固定对抗阻力向心收缩时，有使上臂在肩关节处屈的功能，运动部位与肌肉功能相吻合，所以这个动作可以锻炼到胸大肌上沿。

身体位置：平躺于上斜卧推凳上，双手握住哑铃置于身体两侧，小臂垂直地面。

身体姿态：双脚扣于滚轴中间，脊柱保持自然生理弯曲，双手闭握，略比肩宽握住杠铃。

稳定：运动过程中保持身体不前后左右晃动，保持身体稳定。

运动轨迹：由下向上发力，顶峰收缩后再由上向下还原至初始位置，且肌张力不消失。

运动幅度：向上发力至胸大肌上沿有明显紧张感，向内还原至初始位，还原时控制下降，不要突然放松。

安全提示：整个运动过程中各关节不超伸不锁死，以免受到损伤。

运动时间：向上发力2～4秒，向下还原2～4秒。

运动呼吸：向上发力呼气，向下还原吸气。

运动量：每组完成8～12次，完成4～5组。

间歇时间：组间休息60～90秒。

图3-28　上斜哑铃卧推示范图

3. 目标肌群：胸大肌下沿

训练目的：激活胸大肌下沿肌肉。

选择器械：双杠、弹力带。

选择动作：双杠臂屈伸（见图 3-29）。

示范动作：调整器械，做 3～5 个示范动作。

动作原理：这个动作阻力向下，在与阻力相反的运动环节中，上臂在肩关节做水平屈的动作，胸大肌下沿在近固定对抗阻力向心收缩时，有使上臂在肩关节处屈的功能，运动部位与肌肉功能相吻合，所以这个动作可以锻炼到胸大肌下沿。

身体位置：将弹力带两头锁死固定于双杠，双手支撑于双杠，双脚踏于弹力带上。

身体姿态：挺胸沉肩，屈膝屈髋，身体略微前倾。

稳定：运动过程中保持身体不前后左右晃动，保持身体稳定。

运动轨迹：由下向上发力，顶峰收缩后再由上向下还原至初始位置，且肌张力不消失。

运动幅度：向上发力至胸大肌下沿有明显紧张感，向内还原至初始位，还原时控制下降，不要突然放松。

安全提示：整个运动过程中各关节不超伸不锁死，以免受到损伤。

运动时间：向上发力 2～4 秒，向下还原 2～4 秒。

图 3-29 双杠臂屈伸示范图

运动呼吸：向上发力呼气，向下还原吸气。

运动量：每组完成 8～12 次，完成 4～5 组。

间歇时间：组间休息 60～90 秒。

三、臂部肌群

（一）臂部肌肉抗阻训练技术

1. 目标肌群：肱二头肌

锻炼目的：增强其肌力与肌耐力。

器械名称：自重。

动作名称：反手引体向上（见图 3-30）。

设计原理：这个动作阻力向下，对抗阻力向上过程中，大臂在肘关节处做了一个屈的动作，因为肱二头肌在远固定、向心收缩、对抗阻力过程中，有使大臂在肘关节屈的功能，肌肉功能与运动部位相吻合，所以设计这个动作可以锻炼到肱二头肌。

身体位置：找到一固定稳定单杠，双手反握闭握握住单杠。

身体姿态：两臂悬垂在单杆上，与肩同宽，反握握紧横杆，腹部收紧。向上使锁骨与杆平行，稍停 2～3 秒。然后身体慢慢下降还原。

稳定：身体躯干保持稳定，不要前后左右晃动。

运动轨迹：由下至上。

运动幅度：向上至肱二头肌充分收缩，向下至手臂自然伸直，且保持肌张力不消失。

安全提示：全身各关节不要超伸锁死，身体保持稳定。

动作速度：用力 2～4 秒，还原 2～4 秒。

动作呼吸：向下时吸气，向上呼气。

运动量：每组完成 8～12 次，完成 4～5 组。

间歇时间：组间休息 60～90 秒。

图 3-30　反手引体向上示范图

2. 目标肌群：肱三头肌

锻炼目的：增强其肌力与肌耐力。

器械名称：自重。

动作名称：钻石俯卧撑（见图 3-31）。

设计原理：这个动作阻力向下，对抗阻力向上过程中，肘关节做了一个伸的动作，因为肱三头肌在远固定、向心收缩、对抗阻力过程中，有使肘关节伸的功能，肌肉功能与运动部位相吻合，所以设计这个动作可以锻炼到肱三头肌。

身体位置：找一块空地和瑜伽垫，在瑜伽垫上做好俯卧撑的准备。

身体姿态：双手撑地，双手手掌尽量靠近，腹部收紧，用大拇指和食指组成一个钻石般的菱形。身体挺直，使身体平直下降至肩与肘处于同一水平面，屈臂收肘靠近身体两侧，然后将身体平直撑起。

稳定：身体躯干保持稳定，不要左右晃动。

运动轨迹：运动轨迹由下至上。

运动幅度：向上至肘关节微屈，向下至初始位置，且肌张力不消失。

安全提示：全身各关节不要超伸锁死，身体保持稳定。

动作速度：用力 2～4 秒，还原 2～4 秒。

动作呼吸：向下时吸气，向上呼气。

运动量：每组完成 8～12 次，完成 4～5 组。

间歇时间：组间休息 60～90 秒。

图 3-31　钻石俯卧撑示范图

3. 目标肌群：肱二头肌

锻炼目的：增强其肌力与肌耐力。

器械名称：哑铃。

动作名称：站姿哑铃臂弯举（见图 3-32）。

设计原理：这个动作阻力向下，对抗阻力向上过程中，小臂在肘关节处做了一个屈的动作，因为肱二头肌在近固定、向心收缩、对抗阻力过程中有使小臂在肘关节屈的功能，肌肉功能与运动部位相吻合，所以设计这个动作可以锻炼到肱二头肌。

身体位置：选择合适重量的哑铃，双手反握、闭握握住哑铃。

身体姿态：双脚开立，与肩同宽，脚尖向前，骨盆中立，收腹挺胸收下颌，双眼平视前方，脊柱保持正常生理弯曲，从侧面看耳、肩、髋在同一直线上，双臂自然伸直，腕关节保持中立位。

稳定：身体躯干保持稳定，不要左右晃动。

运动轨迹：运动轨迹由下至上。

运动幅度：向下至小臂自然伸直，向上至肱二头肌充分收缩。

安全提示：全身各关节不要超伸锁死，身体保持稳定。

动作速度：用力 2～4 秒，还原 2～4 秒。

动作呼吸：向下时吸气，向上呼气。

运动量：每组完成 8～12 次，完成 4～5 组。

间歇时间：组间休息 60～90 秒。

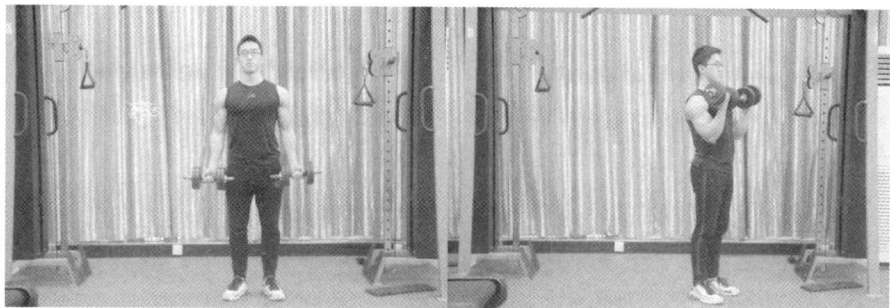

图 3-32　站姿哑铃臂弯举示范图

4. 目标肌群：肱二头肌

锻炼目的：增强其肌力与肌耐力。

器械名称：肱二头训练器。

动作名称：坐姿臂弯举（见图 3-33）。

设计原理：这个动作阻力向下，对抗阻力向上过程中，小臂在肘关节处做了一个屈的动作，因为肱二头肌在近固定、向心收缩、对抗阻力过程中，有使小臂在肘关节屈的功能，肌肉功能与运动部位相吻合，所以设计这个动作可以锻炼到肱二头肌。

身体位置：选择合适的重量，双手反握、闭握握住握把。

身体姿态：双脚开立，与肩同宽，脚尖向前，骨盆中立，收腹挺胸收下颌，双眼平视前方，脊柱保持正常生理弯曲，从侧面看耳、肩、髋在同一直线上，双臂自然伸直，腕关节保持中立位。

稳定：身体躯干保持稳定，不要左右晃动。

运动轨迹：运动轨迹由下至上。

运动幅度：向下至小臂自然伸直，向上至肱二头肌充分收缩。

安全提示：全身各关节不要超伸锁死，身体保持稳定。

动作速度：用力 2～4 秒，还原 2～4 秒。

动作呼吸：向下时吸气，向上呼气。

运动量：每组完成 8～12 次，完成 4～5 组。

间歇时间：组间休息 60～90 秒。

图 3-33 坐姿臂弯举示范图

5. 目标肌群：肱二头肌

锻炼目的：增强其肌力与肌耐力。

器械名称：杠铃。

动作名称：站姿杠铃臂弯举（见图 3-34）。

设计原理：这个动作阻力向下，对抗阻力向上过程中，小臂在肘关节处做了一个屈的动作，因为肱二头肌在近固定、向心收缩、对抗阻力过程中有使小臂在肘关节屈的功能，肌肉功能与运动部位相吻合，所以设计这个动作可以锻炼到肱二头肌。

身体位置：选择合适重量的杠铃，双手反握、闭握握住杠铃。

身体姿态：双脚开立，与肩同宽，脚尖向前，骨盆中立，收腹挺胸收下颌，双眼平视前方，脊柱保持正常生理弯曲，从侧面看耳、肩、髋在同一直线上，双臂自然伸直，腕关节保持中立位。

稳定：身体躯干保持稳定，不要左右晃动。

运动轨迹：运动轨迹由下至上。

运动幅度：向下至小臂自然伸直，向上至肱二头肌充分收缩。

安全提示：全身各关节不要超伸锁死，身体保持稳定。

动作速度：用力 2～4 秒，还原 2～4 秒。

动作呼吸：向下时吸气，向上呼气。

运动量：每组完成8～12次，完成4～5组。

间歇时间：组间休息60～90秒。

图 3-34 站姿杠铃臂弯举示范图

6. 目标肌群：肱二头肌

锻炼目的：增强其肌力与肌耐力。

器械名称：钢线拉力器。

动作名称：站姿拉力器臂弯举（见图3-35）。

设计原理：这个动作阻力向下，对抗阻力向上过程中，小臂在肘关节处做了一个屈的动作，因为肱二头肌在近固定、向心收缩、对抗阻力过程中，有使小臂在肘关节屈的功能，肌肉功能与运动部位相吻合，所以设计这个动作可以锻炼到肱二头肌。

身体位置：选择合适的重量，双脚踩实地面，双手反握、闭握握住握把。

身体姿态：双脚开立，与肩同宽，脚尖向前，骨盆中立，收腹挺胸收下颌，双眼平视前方，脊柱保持正常生理弯曲，从侧面看耳、肩、髋在同一直线上，双臂自然伸直，腕关节保持中立位。

稳定：身体躯干保持稳定，不要左右晃动。

运动轨迹：运动轨迹由下至上。

运动幅度：向下至小臂自然伸直，向上至肱二头肌充分收缩。

安全提示：全身各关节不要超伸锁死，身体保持稳定。

动作速度：用力 2～4 秒，还原 2～4 秒。

动作呼吸：向下时吸气，向上呼气。

运动量：每组完成 8～12 次，完成 4～5 组。

间歇时间：组间休息 60～90 秒。

图 3-35　站姿拉力器臂弯举示范图

7. 目标肌群：肱三头肌

锻炼目的：增强其肌力与肌耐力。

器械名称：哑铃，直角凳。

动作名称：哑铃坐姿颈后臂屈伸（见图 3-36）。

设计原理：这个动作阻力向下，对抗阻力向上过程中，肘关节做了一个伸的动作，因为肱三头肌在近固定、向心收缩、对抗阻力过程中，有使肘关节伸的功能，肌肉功能与运动部位相吻合，所以设计这个动作可以锻炼到肱三头肌。

身体位置：找一块空地，坐于直角凳上，背部挺直，选择一个合适重量的哑铃，双手抱住哑铃，虎口相对置于颈后，双脚踩实地面。

身体姿态：双脚分开，踩实地面，脚尖朝前，骨盆中立，收腹挺胸沉肩收下颌。双眼平视前方，脊柱保持正常生理弯曲。从侧面看，耳肩髋在同一直线上。

稳定：身体躯干保持稳定，不要左右晃动。

运动轨迹：运动轨迹由下至上。

运动幅度：由下至上至肱三头肌充分收缩，还原至初始位置且肌张力不消失。

安全提示：全身各关节不要超伸锁死，身体保持稳定。

动作速度：用力 2～4 秒，还原 2～4 秒。

动作呼吸：向下时呼气，向上吸气。

运动量：每组完成 8～12 次，完成 4～5 组。

间歇时间：组间休息 60～90 秒。

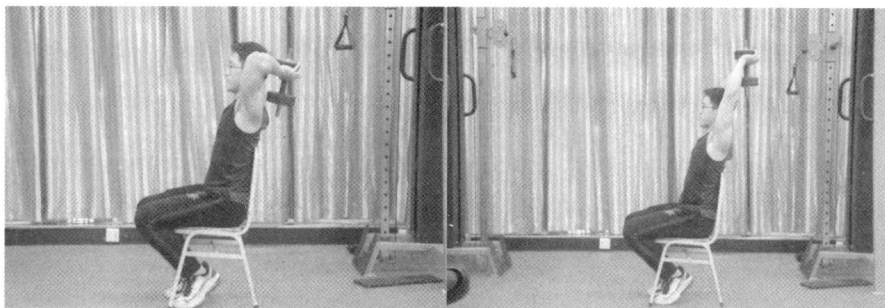

图 3-36　哑铃坐姿颈后臂屈伸示范图

8. 目标肌群：肱三头肌

锻炼目的：增强其肌力与肌耐力。

器械名称：钢线拉力器。

动作名称：拉力器臂屈伸（见图 3-37）。

设计原理：这个动作阻力向上，对抗阻力向下过程中，肘关节做了一个伸的动作，因为肱三头肌在近固定、向心收缩、对抗阻力过程中有使肘关节伸的功能，肌肉功能与运动部位相吻合，所以设计这个动作可以锻炼到肱三头肌。

身体位置：选择一个合适的重量，双手闭握，握住握把，双脚踩实地面。

身体姿态：双脚分开，踩实地面，脚尖朝前，骨盆中立，收腹挺胸沉肩收下颚。双眼平视前方，脊柱保持正常生理弯曲。从侧面看，耳肩髋在同一直线上。

稳定：身体躯干保持稳定，不要左右晃动。

运动轨迹：运动轨迹由上至下。

运动幅度：由上至下至肱三头肌充分收缩，还原至初始位置且肌张力不消失。

安全提示：全身各关节不要超伸锁死，身体保持稳定。

动作速度：用力 2～4 秒，还原 2～4 秒。

动作呼吸：向下时呼气，向上吸气。

运动量：每组完成 8～12 次，完成 4～5 组。

间歇时间：组间休息 60～90 秒。

图 3-37　拉力器臂屈伸示范图

（二）臂部热身训练动作与技术

1. 目标肌群：肱二头肌

锻炼目的：激活肱二头肌。

器械名称：弹力带。

动作名称：站姿弹力带臂弯举（见图 3-38）。

设计原理：这个动作阻力向下，对抗阻力向上过程中，小臂在肘关节处做了一个屈的动作，因为肱二头肌在近固定、向心收缩、对抗阻力过程中有使小臂在肘关节屈的功能，肌肉功能与运动部位相吻合，所以设计这个动作可以锻炼到肱二头肌。

身体位置：选择合适重量的弹力带，将弹力带踏于双脚，双手反握弹力带。

身体姿态：双脚开立，与肩同宽，脚尖向前，骨盆中立，收腹挺胸收下颌，双眼平视前方，脊柱保持正常生理弯曲，从侧面看耳、肩、髋在同一直线上，双臂自然伸直，腕关节保持中立位。

稳定：身体躯干保持稳定，不要左右晃动。

运动轨迹：运动轨迹由下至上。

运动幅度：向下至小臂自然伸直，向上至肱二头肌充分收缩。

安全提示：全身各关节不要超伸锁死，身体保持稳定。

动作速度：用力 2～4 秒，还原 2～4 秒。

动作呼吸：向下时吸气，向上呼气。

运动量：每组完成 8～12 次，完成 4～5 组。

间歇时间：组间休息 60～90 秒。

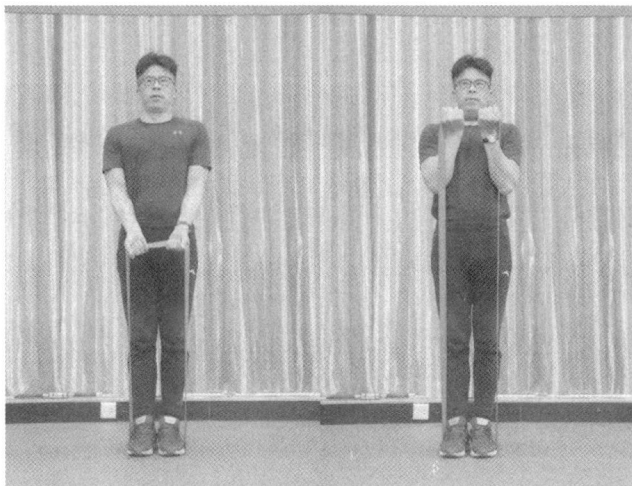

图 3-38　站姿弹力带臂弯举示范图

2. 目标肌群：肱二头肌

锻炼目的：激活肱二头肌。

器械名称：弹力带。

动作名称：反握弹力带引体向上（见图3-39）。

设计原理：这个动作阻力向下，对抗阻力向上过程中，小臂在肘关节处做了一个屈的动作，因为肱二头肌在近固定、向心收缩、对抗阻力过程中有使小臂在肘关节屈的功能，肌肉功能与运动部位相吻合，所以设计这个动作可以锻炼到肱二头肌。

身体位置：选择合适重量的弹力带，将弹力带踏于双脚，双手反握杠杆。

身体姿态：挺胸沉肩，身体自然下垂。

稳定：身体躯干保持稳定，不要左右晃动。

运动轨迹：运动轨迹由下至上。

运动幅度：向下至小臂自然伸直，向上至肱二头肌充分收缩。

安全提示：全身各关节不要超伸锁死，身体保持稳定。

动作速度：用力2~4秒，还原2~4秒。

动作呼吸：向下时吸气，向上呼气。

图3-39　反握弹力带引体向上示范图

运动量：每组完成 8～12 次，完成 4～5 组。

间歇时间：组间休息 60～90 秒。

3. 目标肌群：肱三头肌

锻炼目的：激活肱三头肌。

器械名称：弹力带。

动作名称：弹力屈臂下压（见图 3-40）。

设计原理：这个动作阻力向上，对抗阻力向下过程中，肘关节做了一个伸的动作，因为肱三头肌在近固定、向心收缩、对抗阻力过程中有使肘关节伸的功能，肌肉功能与运动部位相吻合，所以设计这个动作可以锻炼到肱三头肌。

身体位置：找一块空地，选择合适重量的弹力带，并将弹力带的中端绑在固定物上，双脚踩实地面，双手正握在身体两侧。

身体姿态：双脚开立，略比肩宽，脚尖朝前，骨盆中立，收腹挺胸沉肩收下颌。双眼平视前方，脊柱保持正常生理弯曲。从侧面看，耳肩髋在同一直线上。

稳定：身体躯干保持稳定，不要左右晃动。

运动轨迹：运动轨迹由上至下。

图 3-40 弹力屈臂下压示范图

运动幅度：由上至下至肱三头肌充分收缩，还原至初始位置且肌张力不消失。

安全提示：全身各关节不要超伸锁死，身体保持稳定。

动作速度：用力 2～4 秒，还原 2～4 秒。

动作呼吸：向下时呼气，向上吸气。

运动量：每组完成 8～12 次，完成 4～5 组。

间歇时间：组间休息 60～90 秒。

4. 目标肌群：肱三头肌

锻炼目的：激活肱三头肌。

器械名称：弹力带。

动作名称：弹力带臂屈伸（见图 3-41）。

设计原理：这个动作阻力向下，对抗阻力向上过程中，肘关节做了一个伸的动作，因为肱三头肌在近固定、向心收缩、对抗阻力过程中有使肘关节伸的功能，肌肉功能与运动部位相吻合，所以设计这个动作可以锻炼到肱三头肌。

身体位置：选择合适重量的弹力带，并将弹力带的中端绑在固定物上，双脚踩在弹力带上，双手对握双杠。

身体姿态：收腹挺胸沉肩收下额头，身体自然下垂。

稳定：身体躯干保持稳定，不要左右晃动。

运动轨迹：运动轨迹由上至下。

运动幅度：由上至下至肱三头肌充分收缩，还原至初始位置且肌张力不消失。

安全提示：全身各关节不要超伸锁死，身体保持稳定。

动作速度：用力 2～4 秒，还原 2～4 秒。

动作呼吸：向下时呼气，向上吸气。

运动量：每组完成 8～12 次，完成 4～5 组。

间歇时间：组间休息 60～90 秒。

图 3-41 弹力带臂屈伸示范图

四、背部肌群抗阻训练技术

(一) 背部肌肉抗阻训练技术

1. 目标肌群：背阔肌

锻炼目的：增强其肌力与肌耐力。

器械名称：自重。

动作名称：正手引体向上（见图3-42）。

设计原理：这个动作阻力向下，对抗阻力向上过程中，肩关节做了一个内收的动作，因为背阔肌在近固定、向心收缩、对抗阻力过程中有使肩关节内收的功能，肌肉功能与运动部位相吻合，所以设计这个动作可以锻炼到背阔肌。

身体位置：找个一座龙门架或单杠，双手正握、闭握住单杠。

身体姿态：两臂悬垂在单杆上，略比肩宽，正手握紧单杠，腰背部以下部位放松。屈臂引体向上至颈前锁骨处，使之接近或触及单杠，稍停2~3秒。然后呼气，然后身体慢慢下降还原。重复练习。

稳定：身体躯干保持稳定，不要左右晃动。

运动轨迹：运动轨迹由下至上。

运动幅度：向上至下颚与单杠平行，向下至初始位置且肌张力不消失。

安全提示：全身各关节不要超伸锁死，身体保持稳定。

动作速度：用力2~4秒，还原2~4秒。

动作呼吸：向下时吸气，向上呼气。

运动量：每组完成8~12次，完成4~5组。

间歇时间：组间休息60~90秒。

图3-42　正手引体向上示范图

2. 目标肌群：背阔肌

锻炼目的：增强其肌力与肌耐力。

器械名称：坐姿划船器。

动作名称：坐姿划船（见图3-43）。

设计原理：这个动作阻力向前，对抗阻力向后过程中，肩关节做了一个伸的动作，因为背阔肌在近固定、向心收缩、对抗阻力过程中有使肩关节伸的功能，肌肉功能与运动部位相吻合，所以设计这个动作可以锻炼到背阔肌。

身体位置：坐在坐姿划船器上，双脚踩实踏板，挺胸收腹沉肩，双手对握、闭握握住V把置于身体前侧。

身体姿态：双脚踩实踏板，膝关节微屈，骨盆中立，挺胸收腹，沉肩下颚微收，脊柱保持自然生理位置，从侧面看，耳肩髋在同一直线上。

稳定：身体躯干保持稳定，不要左右晃动。

运动轨迹：运动轨迹由前至后。

运动幅度：由前向后至大臂与小臂保持90°即可，向前至初始位置且肌张力不消失。

安全提示：全身各关节不要超伸锁死，身体保持稳定。

动作速度：用力2～4秒，还原2～4秒。

动作呼吸：向前时吸气，向后呼气。

运动量：每组完成8～12次，完成4～5组。

间歇时间：组间休息60～90秒。

图3-43　坐姿划船示范图

3. 目标肌群：背阔肌

锻炼目的：增强其肌力与肌耐力。

器械名称：高位下拉器。

动作名称：坐姿高位下拉（见图3-44）。

设计原理：这个动作阻力向上，对抗阻力向下过程中，肩关节做了一个伸的动作，因为背阔肌在近固定、向心收缩、对抗阻力过程中有使肩关节伸的功能，肌肉功能与运动部位相吻合，所以设计这个动作可以锻炼到背阔肌。

身体位置：坐在高位下拉器上，双脚踩实地面，挺胸收腹沉肩，双手闭握，握住握把置于身体前侧。

身体姿态：双脚踩实地面，骨盆中立，挺胸收腹，沉肩下颚微收，脊柱保持自然生理位置，从侧面看，耳肩髋在同一直线上。

稳定：身体躯干保持稳定，不要左右晃动。

运动轨迹：运动轨迹由上至下。

运动幅度：由上向下拉至下颚处即可，向前至初始位置且肌张力不消失。

安全提示：全身各关节不要超伸锁死，身体保持稳定。

动作速度：用力 2～4 秒，还原 2～4 秒。

动作呼吸：向前时吸气，向后呼气。

运动量：每组完成 8～12 次，完成 4～5 组。

间歇时间：组间休息 60～90 秒。

图 3-44　坐姿高位下拉示范图

4. 目标肌群：背阔肌

锻炼目的：增强其肌力与肌耐力。

器械名称：高位下拉器。

动作名称：坐姿颈后高位下拉（见图 3-45）。

设计原理：这个动作阻力向上，对抗阻力向下过程中，肩关节做了一个伸的动作，因为背阔肌在近固定、向心收缩、对抗阻力过程中有使肩关节伸的功能，肌肉功能与运动部位相吻合，所以设计这个动作可以锻炼到背阔肌。

身体位置：坐在高位下拉器上，双脚踩实地面，挺胸收腹沉肩，双手闭握，握住握把置于身体前侧。

身体姿态：双脚踩实地面，骨盆中立，挺胸收腹，沉肩下颚微收，脊柱保持自然生理位置，从侧面看，耳肩髋在同一直线上。

稳定：身体躯干保持稳定，不要左右晃动。

运动轨迹：运动轨迹由上至下。

运动幅度：由上向下拉至颈后处即可，向前至初始位置且肌张力不消失。

安全提示：全身各关节不要超伸锁死，身体保持稳定。

动作速度：用力2～4秒，还原2～4秒。

动作呼吸：向前时吸气，向后呼气。

运动量：每组完成8～12次，完成4～5组。

间歇时间：组间休息60～90秒。

图 3-45　坐姿颈后高位下拉示范图

5. 目标肌群：竖脊肌

锻炼目的：增强其肌力与肌耐力。

器械名称：杠铃。

动作名称：杠铃屈膝硬拉（见图3-46）。

设计原理：这个动作阻力向下，对抗阻力向上过程中，头和脊柱做了个伸的动作，因为竖脊肌在上固定、向心收缩时有使头和脊柱伸的功能，肌肉功能与运动部位相吻合，所以设计这个动作可以锻炼到竖脊肌。

身体位置：找一块合适的空地，选择合适重量的杠铃，双脚踩实地面，双手采用中等握距、闭握握住杠铃置于身体前侧。

身体姿态：双脚开立，略比肩宽，脚尖朝前，膝关节微屈，骨盆中立，挺胸收腹，沉肩下颚微收，脊柱保持自然生理位置，从侧面看，耳肩髋在同一直线上。

稳定：身体躯干保持稳定，不要左右晃动。

运动轨迹：运动轨迹由下至上。

运动幅度：由下向上至身体直立，使竖脊肌有收缩感，向下至初始位置，且肌张力不消失。

安全提示：全身各关节不要超伸锁死，身体保持稳定。

动作速度：用力 2~4 秒，还原 2~4 秒。

动作呼吸：向下时吸气，向上呼气。

运动量：每组完成 8~12 次，完成 4~5 组。

间歇时间：组间休息 60~90 秒。

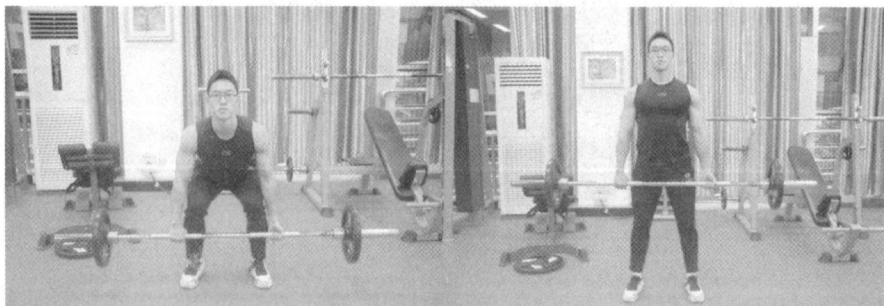

图 3-46 杠铃屈膝硬拉示范图

6. 目标肌群：菱形肌

锻炼目的：增强其肌力与肌耐力。

器械名称：钢线拉力器。

动作名称：钢线拉力器直臂后缩（见图 3-47）。

设计原理：这个动作阻力向前，对抗阻力向后过程中，肩胛骨做了一个后缩的动作，因为菱形肌在近固定、向心收缩时有使肩胛骨后缩的功能，肌肉功能与运动部位相吻合，所以设计这个动作可以锻炼到菱形肌。

身体位置：选择合适的重量，将 V 把换上钢线拉力器，身体自然站直，双手对握，闭握握住 V 把。

身体姿态：双脚开立，略比肩宽，脚尖朝前，骨盆中立，挺胸收腹，沉肩下颚微收，脊柱保持自然生理位置，从侧面看，耳肩髋在同一直线上。

稳定：身体躯干保持稳定，不要左右晃动。

运动轨迹：由前向后。

运动幅度：向后至菱形肌充分收缩，还原至初始位置，且肌张力不消失。

安全提示：全身各关节不要超伸锁死，身体保持稳定。

动作速度：用力 2～4 秒，还原 2～4 秒。

动作呼吸：向前时吸气，向后呼气。

运动量：每组完成 8～12 次，完成 4～5 组。

间歇时间：组间休息 60～90 秒。

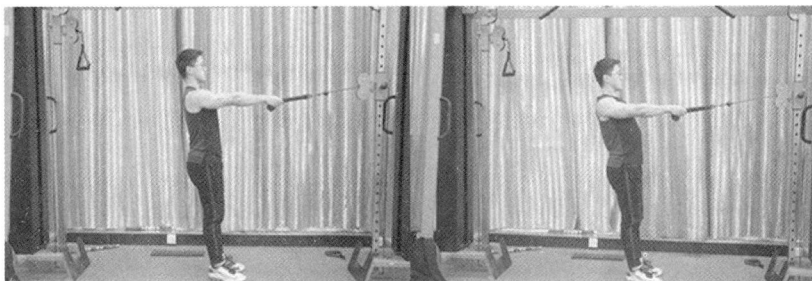

图 3-47　钢线拉力器直臂后缩示范图

7. 目标肌群：冈上肌

训练目的：增强肌肉力量与肌肉耐力。

器械名称：肩部训练器。

动作名称：坐姿宽距推肩（见图3-48）。

设计原理：此动作阻力方向向下，在与阻力方向相反的运动环节中，上臂在肩关节做了外展的运动。因为冈上肌在近固定对抗阻力向心收缩时，有使上臂在肩关节外展的功能，肌肉功能与运动部位相吻合，所以可以训练到目标肌群。

身体位置：首先选择适合自己的重量、座椅高低，坐于座椅上，双脚踏实地面，臀、背、头紧贴挡板。双手握住两边把手正握、闭握、宽握。

身体姿态：双脚打开与髋同宽，脚尖朝前、膝关节朝向脚尖方向，骨盆中立、收腹、挺胸、沉肩、下颚微收，双眼平视前方，脊柱保持自然，生理弯曲，从侧面看耳、肩、髋在同一条直线，小臂自然垂直地面。

稳定：身体躯干保持稳定，不要左右晃动。

轨迹：由下向上。

运动幅度：向上发力时手臂自然伸直，冈上肌充分收缩、向下还原肘关节略低于肩关节，保持肌肉张力不消失。

安全提示：身体保持稳定，全身各个关节不要超伸锁死。

图3-48　坐姿宽距推肩示范图

速度：发力 2～4 秒，还原 2～4 秒。

呼吸：用力时呼气，还原时吸气。

运动量：每组完成 8～12 次，完成 4～5 组。

间歇时间：组间休息 60～90 秒。

8. 目标肌群：冈下肌/小圆肌

训练目的：增强肌肉力量与肌肉耐力。

器械名称：拉力器。

动作名称：拉力器站姿肩外旋（见图 3-49）。

设计原理：此动作阻力方向向内，在与阻力方向相反的运动环节中，大臂在肩关节做了外旋的运动。因为冈下肌/小圆肌在近固定对抗阻力向心收缩时有使大臂在肩关节外旋的功能，肌肉功能与运动部位相吻合，所以可以训练到目标肌群。

身体位置：首先选择合适重量的配重片，调节拉力器到肘关节高度，闭握把手。双脚踩实地面，身体直立。

身体姿态：双脚打开与髋同宽，脚尖朝前、膝关节朝向脚尖方向，骨盆中立、收腹、挺胸、沉肩、下颚微收，双眼平视前方，脊柱保持自然生理弯曲，从侧面看耳肩髋在同一条直线。

稳定：躯干保持稳定。肘关节 90°放于身体侧面。

轨迹：由内向外发力，由外向内还原。

运动幅度：向外发力至冈下肌/小圆肌充分收缩，向内还原至初始位置，肌张力不消失。

安全提示：身体不左右晃动，全身各个关节不要超伸锁死，避免损伤。

速度：发力 2～4 秒，还原 2～4 秒

呼吸：用力时呼气，还原时吸气。

运动量：每组完成 8～12 次，完成 4～5 组。

间歇时间：组间休息 60～90 秒。

图 3-49　拉力器站姿肩外旋示范图

（二）背部热身训练动作与技术

1. 目标肌群：菱形肌

锻炼目的：激活背部肌群。

器械名称：哑铃。

动作名称：哑铃俯身划船（见图 3-50）。

设计原理：这个动作阻力向下，对抗阻力向上过程中，肩关节做了一个伸的动作，因为背阔肌在近固定、向心收缩、对抗阻力过程中有使肩关节伸的功能，肌肉功能与运动部位相吻合，所以设计这个动作可以锻炼到背阔肌。

身体位置：找一块合适的空地，选择合适重量的哑铃，双脚踩实地面，双手闭握哑铃置于身体前侧，掌心向后。

身体姿态：双脚开立，略比肩宽，脚尖朝前，膝关节微屈，骨盆中立，挺胸收腹，沉肩下颚微收，脊柱保持自然生理位置，从侧面看，耳肩髋在同一直线上。

稳定：身体躯干保持稳定，不要左右晃动。

运动轨迹：运动轨迹由下至上。

运动幅度：由下向上至大臂与小臂保持 90° 即可，向前至初始位置且肌张力不消失。

安全提示：全身各关节不要超伸锁死，身体保持稳定。

动作速度：用力 2～4 秒，还原 2～4 秒。

动作呼吸：向前时吸气，向后呼气。

运动量：每组完成 8～12 次，完成 4～5 组。

间歇时间：组间休息 60～90 秒。

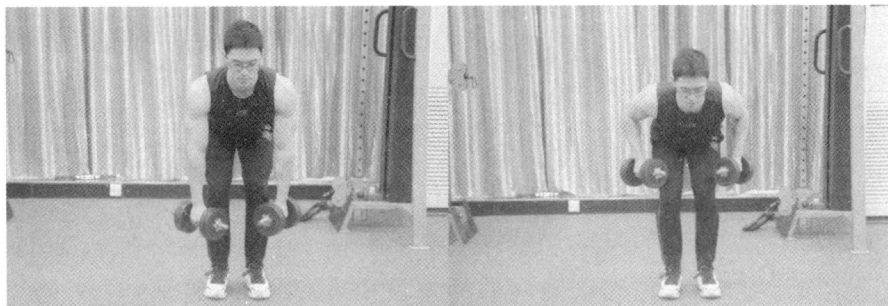

图 3-50　哑铃俯身划船示范图

2. 目标肌群：竖脊肌

锻炼目的：激活背部肌群。

器械名称：徒手。

动作名称：早安式体前屈（见图 3-51）。

设计原理：这个动作阻力向下，对抗阻力向上过程中，头和脊柱做了个伸的动作，因为竖脊肌在上固定、向心收缩时有使头和脊柱伸的功能，肌肉功能与运动部位相吻合，所以设计这个动作可以锻炼到竖脊肌。

身体位置：站立于地面。

身体姿态：双脚开立，略比肩宽，脚尖朝前，膝关节微屈，骨盆中立，挺胸收腹，沉肩下颚微收，脊柱保持自然生理位置，从侧面看，耳肩髋在同一直线上。

稳定：身体躯干保持稳定，不要左右晃动。

运动轨迹：运动轨迹由下至上。

运动幅度：由下向上至身体直立即可，向上至初始位置且肌张力不消失。

安全提示：全身各关节不要超伸锁死，身体保持稳定。

动作速度：用力 2～4 秒，还原 2～4 秒。

动作呼吸：向前时吸气，向后呼气。

运动量：每组完成 8～12 次，完成 4～5 组。

间歇时间：组间休息 60～90 秒。

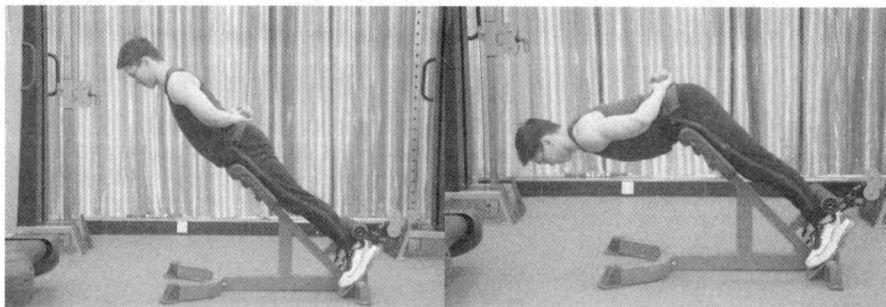

图 3-51　早安式体前屈

3. 目标肌群：背阔肌

锻炼目的：激活背部肌群。

器械名称：徒手。

动作名称：体前屈 YW 伸展（见图 3-52）。

设计原理：这个动作阻力向前，对抗阻力向后过程中，肩关节做了一个伸的动作，因为背阔肌在近固定、向心收缩、对抗阻力过程中有使肩关节伸的功能，肌肉功能与运动部位相吻合，所以设计这个动作可以锻炼到背阔肌。

身体位置：站立于地面，屈髋俯身与地面呈 45°。

身体姿态：双脚开立，略比肩宽，脚尖朝前，膝关节微屈，骨盆中立，挺胸收腹，沉肩下颚微收，双臂向两侧外展。

稳定：身体躯干保持稳定，不要左右晃动。

运动轨迹：运动轨迹手臂由斜上至斜下。

运动幅度：由斜上至斜下至身体直立即可，向上至初始位置且肌张力不消失。

安全提示：全身各关节不要超伸锁死，身体保持稳定。

动作速度：用力 2～4 秒，还原 2～4 秒。

动作呼吸：向前时吸气，向后呼气。

运动量：每组完成 8～12 次，完成 4～5 组。

间歇时间：组间休息 60～90 秒。

图 3-52　体前屈 YW 伸展示范图

4. 目标肌群：背阔肌

锻炼目的：增强其肌力与肌耐力。

器械名称：自重。

动作名称：正手引体向上（见图3-53）。

设计原理：这个动作阻力向下，对抗阻力向上过程中，肩关节做了一个内收的动作，因为背阔肌在近固定、向心收缩、对抗阻力过程中有使肩关节内收的功能，肌肉功能与运动部位相吻合，所以设计这个动作可以锻炼到背阔肌。

身体位置：找个一座龙门架或单杠，双手正握、闭握住单杠。

身体姿态：两臂悬垂在单杆上，略比肩宽，正手握紧单杠，腰背部以下部位放松。屈臂引体向上至颈前锁骨处，使之接近或触及单杠，稍停2～3秒。然后呼气，然后身体慢慢下降还原。重复练习。

稳定：身体躯干保持稳定，不要左右晃动。

运动轨迹：运动轨迹由下至上。

运动幅度：向上至下颚与单杠平行，向下至初始位置且肌张力不消失。

安全提示：全身各关节不要超伸锁死，身体保持稳定。

动作速度：用力2～4秒，还原2～4秒。

动作呼吸：向下时吸气，向上呼气。

运动量：每组完成8～12次，完成4～5组。

间歇时间：组间休息60～90秒。

图3-53　正手引体向上示范图

五、腹部肌群抗阻训练技术

（一）腹部肌肉抗阻训练技术

1. 目标肌群：腹横肌

选择动作：平板支撑（见图 3-54）。

设计原理：此动作阻力方向向下，在与阻力相反的运动环节中，做了一个收紧腹部，防止腰椎曲度过大的动作，腹横肌等长收缩时有维持腹压，维持腰椎曲度的功能，运动环节与功能相吻合，所以这个动作可以锻炼到腹横肌。

运动呼吸：运动过程中保持匀速自然地呼吸。

运动时间：保持动作 30～60 秒为一组，完成 3～4 组。

间歇时间：组间休息 60～90 秒。

图 3-54　平板支撑示范图

2. 目标肌群：腹外斜肌

训练目的：锻炼腹外斜肌肌力与肌耐力。

选择器械：腹肌板。

选择动作：仰卧转体（见图 3-55）。

动作原理：这个动作阻力向下，在与阻力相反的运动环节中，脊柱做了一个对侧回旋和屈的动作，腹外斜肌在下固定对抗阻力向心收缩时，有使脊柱对侧回旋和屈的功能，运动部位与肌肉功能相吻合，所以这个动作可以锻炼到腹外斜肌。

身体位置：平躺于腹肌板上，双腿固定在滚轴上，双手环抱在胸前。

身体姿态：双脚固定在滚轴上，微曲，双手抱于胸前，双手放松。

稳定：运动过程中保持身体不前后左右晃动，保持身体稳定。

运动轨迹：由下向上发力，顶峰收缩后再由上向下还原至初始位置，且肌张力不消失。

运动幅度：向上发力至腹外斜肌有明显紧张感，向下还原至初始位。

安全提示：整个运动过程中各关节不超伸不锁死，以免受到损伤，注意动作速度均匀。

运动时间：向上发力 2～4 秒，向下还原 2～4 秒。

运动呼吸：向上发力呼气，向下还原吸气。

运动量：每组完成 15～20 次，完成 4～5 组。

间歇时间：组间休息 60～90 秒。

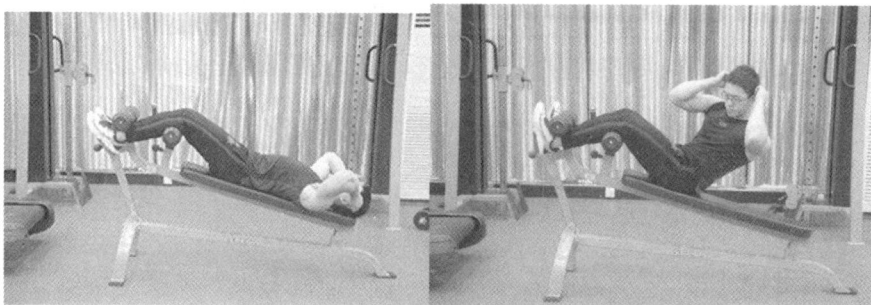

图 3-55　仰卧转体示范图

3. 目标肌群：腹直肌

训练目的：锻炼腹直肌肌力与肌耐力。

选择器械：腹肌板。

选择动作：仰卧卷腹（见图3-56）。

示范动作：调整器械，做3～5个示范动作。

动作原理：这个动作阻力向下，在与阻力相反的运动环节中，脊柱做了一个屈的动作，腹直肌在下固定对抗阻力向心收缩时，有使脊柱屈的功能，运动部位与肌肉功能相吻合，所以这个动作可以锻炼到腹直肌。

身体位置：平躺于腹肌板上，双脚并拢，双手置于胸前。

身体姿态：双腿并拢，双手环抱于胸前，手臂放松，脊柱保持自然生理弯曲。

稳定：运动过程中保持身体不前后左右晃动，保持身体稳定。

运动轨迹：由下向上发力，由上向下还原。

运动幅度：向上发力至腹直肌有明显紧张感，向下还原至初始位，还原时控制下降，不可突然放松。

运动时间：向上发力2～4秒，向下还原2～4秒。

运动呼吸：向上发力呼气，向下还原吸气。

运动量：每组完成20～30次，完成4～5组。

间歇时间：组间休息60～90秒。

安全提示：整个运动过程中各关节不超伸不锁死，以免受到损伤。

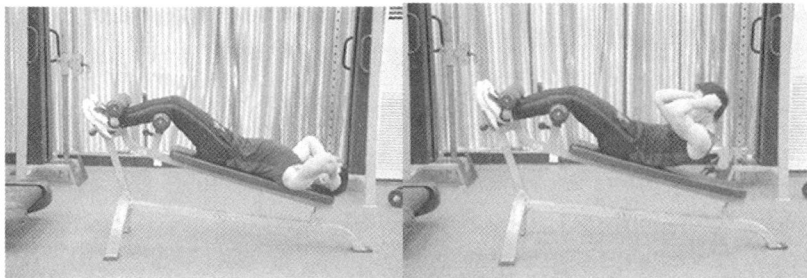

图3-56　仰卧卷腹示范图

4. 目标肌群：腹直肌

训练目的：锻炼腹直肌肌力与肌耐力。

选择器械：拉力器。

选择动作：拉力器跪姿卷腹（见图3-57）。

动作原理：这个动作阻力向上，在与阻力相反的运动环节中，脊柱做了一个屈的动作，腹直肌在下固定对抗阻力向心收缩时，有使脊柱屈的功能，运动部位与肌肉功能相吻合，所以这个动作可以锻炼到腹直肌。

身体位置：选择合适的重量，跪于拉力器前，面向拉力器，双手握住握把置于耳朵两侧。

身体姿态：双腿并拢，双手握住握把，手臂放松，脊柱保持自然生理弯曲。

稳定：运动过程中保持身体不前后左右晃动，保持身体稳定。

运动轨迹：由上向下。

运动幅度：向下发力至腹直肌有明显紧张感，向上还原至初始位，还原时配重片不发出声响。

运动时间：向下发力2～4秒，向上还原2～4秒。

运动呼吸：向下发力呼气，向上还原吸气。

运动量：每组完成20～30次，完成4～5组。

间歇时间：组间休息60～90秒。

安全提示：整个运动过程中各关节不超伸不锁死，以免受到损伤。

图3-57　拉力器跪姿卷腹示范图

5. 目标肌群：腹直肌

训练目的：锻炼腹直肌肌力与肌耐力。

选择器械：腹直肌训练器。

选择动作：悬挂举腿（见图 3-58）。

动作原理：这个动作阻力向下，在与阻力相反的运动环节中，大腿在髋关节处做了一个屈的动作，腹直肌在上固定对抗阻力向心收缩时，有使大腿在髋关节处屈的功能，运动部位与肌肉功能相吻合，所以这个动作可以锻炼到腹直肌。

身体位置：双手握住握把，用前臂把身体支撑在器械上，身体自然下垂。

身体姿态：双腿并拢，双手握住握把，使上臂与前臂成 90°支撑身体。

稳定：运动过程中保持身体不前后左右晃动，保持身体稳定。

运动轨迹：由下向上。

运动幅度：向上发力至腹直肌有明显紧张感，向下还原至初始位，还原时身体不要过分晃动。

运动时间：向上发力 2～4 秒，向下还原 2～4 秒。

运动呼吸：向上发力呼气，向下还原吸气。

运动量：每组完成 8～12 次，完成 4～5 组。

间歇时间：组间休息 60～90 秒。

安全提示：整个运动过程中各关节不超伸不锁死，以免受到损伤。

图 3-58　悬挂举腿示范图

6. 目标肌群：腹外斜肌

训练目的：锻炼腹外斜肌肌力与肌耐力。

选择器械：拉力器。

选择动作：拉力器站姿转体（见图 3-59）。

动作原理：这个动作阻力向外，在与阻力相反的运动环节中，脊柱做了一个对侧回旋的动作，腹外斜肌在下固定对抗阻力向心收缩时，有使脊柱做侧回旋的功能，运动部位与肌肉功能相吻合，所以这个动作可以锻炼到腹外斜肌。

身体位置：选择合适的重量，双脚踩实地面，身体自然站直，双手握住握把。

身体姿态：双脚脚尖向前，膝关节朝脚尖方向，髋关节保持中立位，脊柱保持正常的生理弯曲，一手握住握把，使上臂与前臂垂直，夹肘。

稳定：运动过程中保持身体不前后左右晃动，保持身体稳定。

运动轨迹：由外向内。

运动幅度：向内发力至腹外斜肌有明显紧张感，向外还原至初始位。

运动时间：向内发力 2～4 秒，向外还原 2～4 秒。

运动呼吸：向内发力呼气，向外还原吸气。

运动量：每组完成 12～15 次，完成 4～5 组。

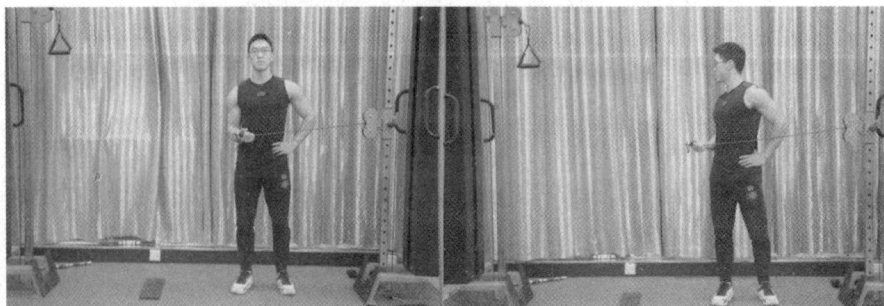

图 3-59　拉力器站姿转体示范图

间歇时间：组间休息 60～90 秒。

安全提示：整个运动过程中各关节不超伸不锁死，以免受到损伤。

（二）腹部热身训练动作与技术

1. 目标肌群：腹部肌群

训练目的：激活腹部肌群。

选择器械：瑜伽垫。

选择动作：仰卧两头起（见图 3-60）。

示范动作：调整器械，做 3～5 个示范动作。

动作原理：这个动作阻力向下，在与阻力相反的运动环节中，髋关节做了一个屈和伸的动作，运动部位与肌肉功能相吻合，所以这个动作可以锻炼到腹部肌群。

身体位置：平躺于瑜伽垫上。

身体姿态：双腿并拢，双手放于身体两侧。

稳定：运动过程中保持身体不前后左右晃动，保持身体稳定。

运动轨迹：身体两端发力，以髋关节为轴做 V 型屈伸。

运动幅度：向上做两头起时手指尽量触碰脚尖。

运动时间：向下发力 2～4 秒，向上还原 2～4 秒。

运动呼吸：向下发力呼气，向上还原吸气。

运动量：每组完成 8～12 次，完成 3～4 组。

间歇时间：组间休息 60～90 秒。

安全提示：整个运动过程中各关节不超伸不锁死，以免受到损伤。

图 3-60　仰卧两头起示范图

2. 目标肌群：腹外斜群肌

训练目的：激活腹部肌群。

选择器械：瑜伽垫。

选择动作：侧卧两头起（见图 3-61）。

示范动作：调整器械，做 3～5 个示范动作。

动作原理：这个动作阻力向下，在与阻力相反的运动环节中，髋关节做了一个屈和伸的动作，运动部位与肌肉功能相吻合，所以这个动作可以锻炼到腹部肌群。

身体位置：侧躺于瑜伽垫上。

身体姿态：双腿并拢，一侧手放于瑜伽垫，另一侧手向头顶伸直。

稳定：运动过程中保持身体不前后左右晃动，保持身体稳定。

运动轨迹：身体两端发力，单侧手臂和腿部以髋关节为轴做 V 型屈伸。

运动幅度：向上做两头起时手指尽量触碰脚尖。

运动时间：向下发力 2～4 秒，向上还原 2～4 秒。

运动呼吸：向下发力呼气，向上还原吸气。

运动量：每组完成 8～12 次，完成 3～4 组。

间歇时间：组间休息 60～90 秒。

安全提示：整个运动过程中各关节不超伸不锁死，以免受到损伤。

图 3-61　侧卧两头起示范图

3. 目标肌群：腹直肌群

训练目的：激活腹部肌群。

选择器械：瑜伽垫。

选择动作：仰卧腿举（见图 3-62）。

示范动作：调整器械，做 3～5 个示范动作。

动作原理：这个动作阻力向下，在与阻力相反的运动环节中，髋关节做了一个屈和伸的动作，运动部位与肌肉功能相吻合，所以这个动作可以锻炼到腹部肌群。

身体位置：侧躺于瑜伽垫上

身体姿态：双腿并拢，双手放于两侧。

稳定：运动过程中保持身体不前后左右晃动，保持身体稳定。

运动轨迹：腿部以髋关节为轴，做上下屈伸。

运动幅度：向上做两头起时手指尽量触碰脚尖。

运动时间：向下发力 2～4 秒，向上还原 2～4 秒。

运动呼吸：向下发力呼气，向上还原吸气。

运动量：每组完成 20～30 次，完成 4～5 组。

间歇时间：组间休息 60～90 秒。

安全提示：整个运动过程中各关节不超伸不锁死，以免受到损伤。

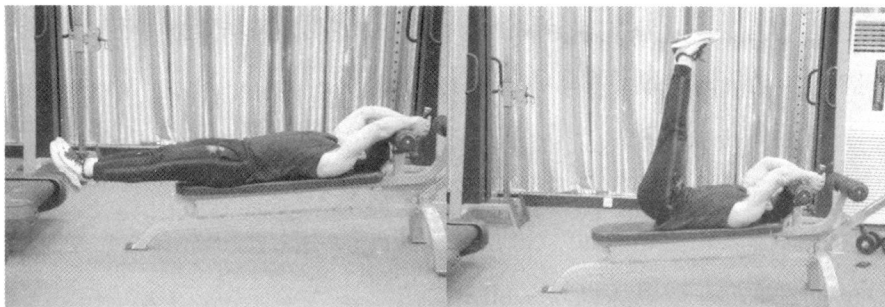

图 3-62 仰卧腿举示范图

六、臀部肌群抗阻训练技术

（一）臀部肌肉抗阻训练技术

1. 目标肌群：臀中肌/臀小肌

训练目的：锻炼臀中肌，臀小肌肌力与肌耐力。

选择方式：自重。

选择动作：站姿侧摆腿（见图3-63）。

动作原理：这个动作阻力向内，在与阻力相反的运动环节中，大腿坐在髋关节处外展的动作，臀中肌、臀小肌在近固定对抗阻力向心收缩时，有使大腿在髋关节处外展的功能，运动部位与肌肉功能相吻合，所以这个动作可以锻炼到腹外斜肌。

身体位置：双脚自然站立，一手扶住固定物，脊柱保持自然生理弯曲。

身体姿态：双脚脚尖向前，膝关节朝脚尖方向，髋关节保持中立位，脊柱保持正常的生理弯曲，一手扶住固定物，一手叉腰。

稳定：运动过程中保持身体不前后左右晃动，保持身体稳定。

运动轨迹：由内向外。

运动幅度：向外发力至臀中肌、臀小肌有明显紧张感，向内还原至初始位，还原时控制下降，不要突然放松。

运动时间：向外发力2～4秒，向内还原2～4秒。

运动呼吸：向外发力呼气，向内还原吸气。

运动量：每组完成20～30次，完成4～5组。

间歇时间：组间休息60～90秒。

安全提示：整个运动过程中各关节不超伸不锁死，以免受到损伤。

图 3-63 站资侧摆腿示范图

2. 目标肌群：臀大肌

训练目的：锻炼臀大肌肌力与肌耐力。

选择方式：自重。

选择动作：站姿后摆腿（见图 3-64）。

动作原理：这个动作阻力向前，在与阻力相反的运动环节中，大腿坐在髋关节处做了一个伸的动作，臀大肌在近固定对抗阻力向心收缩时，有使大腿在髋关节处伸的功能，运动部位与肌肉功能相吻合，所以这个动作可以锻炼到臀大肌。

身体位置：双手扶住固定物，身体自然站立。

身体姿态：双脚脚尖向前，膝关节朝脚尖方向，髋关节保持中立位，脊柱保持正常的生理弯曲。

稳定：运动过程中保持身体不前后左右晃动，保持身体稳定。

运动轨迹：由前向后。

运动幅度：向后发力至臀大肌充分收缩，还原至初始位且保持肌张力不消失。

运动时间：发力 2～4 秒，还原 2～4 秒。

运动呼吸：用力呼气，还原吸气。

运动量：每组完成 20～30 次，完成 4～5 组。

间歇时间：组间休息 60～90 秒。

安全提示：整个运动过程中各关节不超伸不锁死，以免受到损伤。

图 3-64　站姿后摆腿示范图

3. 目标肌群：臀中肌/臀小肌

训练目的：锻炼臀中肌、臀小肌肌力与肌耐力。

选择器械：拉力器。

选择动作：拉力器站姿侧摆腿（见图 3-65）。

动作原理：这个动作阻力向内，在与阻力相反的运动环节中，大腿做在髋关节处外展的动作，臀中肌、臀小肌在近固定对抗阻力向心收缩时，有使大腿在髋关节处外展的功能，运动部位与肌肉功能相吻合，所以这个动作可以锻炼到臀中肌、臀小肌。

身体位置：首先调整拉力器把手至最低位，并选择合适的配重及站位，双脚踩实地面，将绑腿绑至训练臀那侧脚踝处。

身体姿态：双脚开立间距略比肩宽，脚尖朝前，膝关节微屈朝脚尖方向，骨盆中立，挺胸收腹、沉肩、下颚微收，双眼平视前方，脊柱保持自然生理弯曲，从侧面看耳、肩、髋在一条直线上。

稳定：运动过程中保持身体不前后左右晃动，保持身体稳定。

运动轨迹：由前向后。

运动幅度：向后至臀大肌充分收缩，向前还原至初始位置，且保持肌张力不消失。

运动时间：发力 2～4 秒，还原 2～4 秒。

运动呼吸：发力时呼气，还原时吸气。

运动量：每组完成 20～30 次，完成 3～4 组。

间歇时间：组间休息 60～90 秒。

安全提示：整个运动过程中各关节不超伸不锁死，以免受到损伤。

图 3-65　拉力器站姿侧摆腿示范图

4. 目标肌群：臀大肌

训练目的：提升臀大肌的肌力与肌耐力。

选择器械：拉力器。

选择动作：拉力器站姿后摆腿（见图 3-66）。

动作原理：这个动作阻力向前，在与阻力相反的运动环节中，大腿坐在髋关节处做了一个伸的动作，臀大肌在近固定对抗阻力向心收缩时，有使大腿在髋关节处伸的功能，运动部位与肌肉功能相吻合，所以这个动作可以锻炼到臀大肌。

身体位置：首先调整拉力器把手至最低位，并选择合适的配重及站位，双脚踩实地面，将绑腿绑至训练臀那侧的脚踝处。

身体姿态：双脚分开，略宽于肩，双手紧扶固定物，从侧面看耳、肩、髋在一条直线上。

稳定：运动过程中保持身体不前后左右晃动，保持身体稳定。

运动轨迹：由前向后。

运动幅度：向后至臀大肌充分收缩，还原至初始位置且保持肌张力不消失。

安全提示：整个运动过程中各关节不超伸不锁死，以免受到损伤。

运动时间：发力 2~4 秒，还原 2~4 秒。

运动呼吸：发力呼气，还原吸气。

运动量：每组完成 20~30 次，完成 3~4 组。

间歇时间：组间休息 60~90 秒。

图 3-66　拉力器站姿后摆腿示范图

（二）臀部热身训练动作与技术

1. 目标肌群：臀大肌/臀小肌

训练目的：锻炼臀大肌、臀小肌与肌耐力。

选择器械：瑜伽垫。

选择动作：仰卧臀桥（见图 3-67）。

示范动作：调整器械，做 3~5 个示范动作。

动作原理：这个动作阻力向下，在与阻力相反的运动环节中，大腿坐在髋关节处屈和伸的动作，臀大肌、臀小肌在近固定对抗阻力向心收缩时，有使大腿在髋关节处屈和伸的功能，运动部位与肌肉功能相吻合，所以这个动作可以锻炼到臀大肌、臀小肌。

身体位置：仰卧于瑜伽垫上，保持头、背、臀在瑜伽垫上。

身体姿态：双手放于身体两侧，双脚自然分开，保持身体稳定。

稳定：运动过程中保持身体不前后左右晃动，保持身体稳定。

运动轨迹：由下向上送髋发力，由上向下还原。

运动幅度：向上发力至臀大肌、臀小肌有明显紧张感，向下还原至初始位，还原时控制下降，不要突然放松。

运动时间：向上发力2~4秒，向下还原2~4秒

运动呼吸：向上发力呼气，向下还原吸气。

运动量：每组完成8~12次，完成2~3组。

间歇时间：组间休息60~90秒。

安全提示：整个运动过程中各关节不超伸不锁死，以免受到损伤。

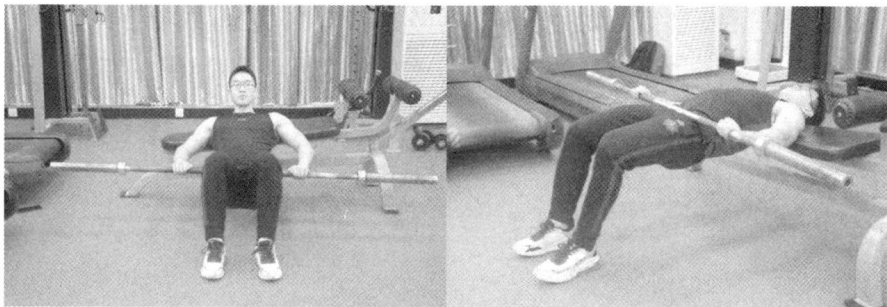

图3-67 仰卧臀桥示范图

2. 目标肌群：臀大肌/臀小肌

训练目的：锻炼臀大肌、臀小肌与肌耐力。

选择器械：瑜伽垫。

选择动作：仰卧单腿臀桥（见图3-68）。

示范动作：调整器械，做3~5个示范动作。

动作原理：这个动作阻力向下，在与阻力相反的运动环节中，大腿坐在髋关节处屈和伸的动作，臀大肌、臀小肌在近固定对抗阻力向心收缩时，有使大腿在髋关节处屈和伸的功能，运动部位与肌肉功能相吻合，所以这个动作可以锻炼到臀大肌、臀小肌。

身体位置：仰卧于瑜伽垫上，保持头、背、臀在瑜伽垫上。

身体姿态：双手放于身体两侧，双脚自然分开，单侧腿向上举起伸直，保持身体稳定。

稳定：运动过程中保持身体不前后左右晃动，保持身体稳定。

运动轨迹：由下向上送髋发力，由上向下还原。

运动幅度：向上发力至臀大肌、臀小肌有明显紧张感，向下还原至初始位，还原时控制下降，不要突然放松。

运动时间：向上发力 2～4 秒，向下还原 2～4 秒。

运动呼吸：向上发力呼气，向下还原吸气。

运动量：每组完成 8～12 次，完成 2～3 组。

间歇时间：组间休息 60～90 秒。

安全提示：整个运动过程中各关节不超伸不锁死，以免受到损伤。

图 3-68　仰卧单腿臀桥示范图

3. 目标肌群：臀大肌/臀小肌

训练目的：锻炼臀大肌、臀小肌与肌耐力。

选择器械：瑜伽垫。

选择动作：俯撑单腿后屈伸（见图 3-69）。

示范动作：调整器械，做 3～5 个示范动作。

动作原理：这个动作阻力向下，在与阻力相反的运动环节中，大腿坐在髋关节处屈和伸的动作，臀大肌、臀小肌在近固定对抗阻力向心收缩时，有使大腿在髋关节处屈和伸的功能，运动部位与肌肉功能相吻合，所以这个动作可以锻炼到腹外斜肌。

身体位置：屈膝俯撑于瑜伽垫上。

身体姿态：双手与肩同宽支撑两侧，以髋关节为轴，单侧腿向后上方举起伸直，保持身体稳定。

稳定：运动过程中保持身体不前后左右晃动，保持身体稳定。

运动轨迹：由下向上送髋发力，由上向下还原。

运动幅度：向上发力至臀大肌，臀小肌有明显紧张感，向下还原至初始位，还原时控制下降，不要突然放松。

运动时间：向上发力2～4秒，向下还原2～4秒。

运动呼吸：向上发力呼气，向下还原吸气。

运动量：每组完成15～20次，完成3～4组。

间歇时间：组间休息60～90秒。

安全提示：整个运动过程中各关节不超伸不锁死，以免受到损伤。

图3-69　俯撑单腿后屈伸示范图

七、腿部肌群抗阻训练技术

（一）腿部肌肉抗阻训练技术

1. 目标肌群：股四头肌

锻炼目的：提高股四头肌肌力与肌耐力。

训练方式：自重。

动作名称：自重深蹲（见图 3-70）。

设计原理：此动作阻力方向向下，在与阻力方向相反的运动环节中，大腿在膝关节处做了一个伸的动作，因为股四头肌在远固定、向心收缩时，有使大腿在膝关节处伸的功能，肌肉功能与运动部位相吻合，所以设计的这个动作可以锻炼到股四头肌。

身体姿态：双脚开立间距略比肩宽，脚尖朝前或向外张开 30°～45°，膝关节微屈朝脚尖方向，骨盆中立，挺胸收腹，沉肩，下颚微收，双眼平视前方，脊柱保持自然生理弯曲，从侧面看耳肩髋在一条直线上。

稳定：整个运动过程中全身各个部位不要前后左右晃动，以保持身体的稳定。

运动轨迹：由下向上。

运动幅度：大腿由下向上至身体直立，使股四头肌充分收缩，还原至初始位置大腿与地面平行。

安全提示：全身各个关节不要超伸锁死，以免造成损伤。

动作速度：用力时 2～4 秒，还原时 2～4 秒。

动作呼吸：用力时呼气，还原时吸气。

运动量：每组完成 30～40 次，完成 4～5 组。

间歇时间：组间休息 60～90 秒。

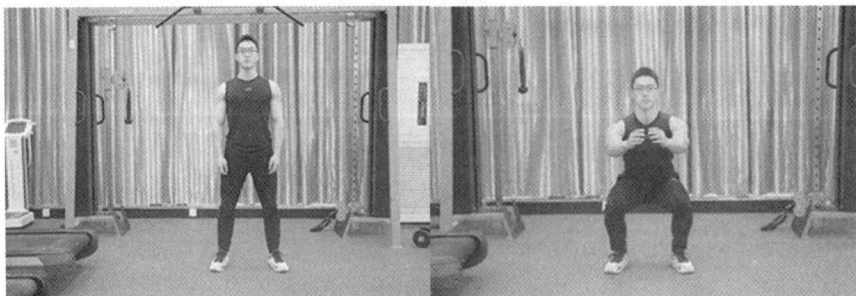

图 3-70　自重深蹲示范图

2. 目标肌群：腓肠肌/比目鱼肌

锻炼目的：提高腓肠肌肌力与肌耐力。

训练方式：自重。

动作名称：站姿提踵（见图3-71）。

设计原理：此动作阻力方向向下，在与阻力方向相反的运动环节中，足在踝关节处做了一个屈的动作，因为腓肠肌在近固定向心收缩时，有使足在踝关节处屈的功能，肌肉功能与运动部位相吻合，所以设计的这个动作可以锻炼到腓肠肌。

身体姿态：单脚踩实地面，脚尖朝前，膝关节朝向脚尖方向，骨盆保持中立位，挺胸收腹，下颚微收，双眼平视前方，脊柱保持自然生理弯曲，从侧面看耳、肩、髋在一条直线上。

稳定：整个运动过程中全身各个部位不要前后左右晃动，以保持身体的稳定。

运动轨迹：由下至上。

运动幅度：足由下向上至腓肠肌充分收缩，还原至脚后跟不接触到地面。

安全提示：全身各个关节不要超伸锁死，以免造成损伤。

动作速度：用力时2～4秒，还原时2～4秒。

图3-71 站姿提踵示范图

动作呼吸：用力时呼气，还原时吸气。

运动量：每组完成 20～30 次，完成 4～5 组。

间歇时间：组间休息 60～90 秒。

3. 目标肌群：股四头肌

锻炼目的：提高股四头肌肌力与肌耐力。

器械名称：腿部训练器。

动作名称：坐姿腿屈伸（见图 3-72）。

设计原理：此动作阻力方向向下，在与阻力方向相反的运动环节中，小腿在膝关节处做了一个伸的动作，因为股四头肌在近固定、向心收缩时，有使小腿在膝关节处伸的功能，肌肉功能与运动部位相吻合，所以设计的这个动作可以锻炼到股四头肌。

身体位置：坐于腿部训练器上，调整合适的重量，将滚轴固定在小腿远端前侧，双手握住两侧握把。

身体姿态：双脚分开与肩同宽，骨盆中立，挺胸收腹，沉肩，下颚微收，双眼平视前方，脊柱保持自然生理弯曲，从侧面看耳、肩、髋在一条直线上。

稳定：整个运动过程中全身各个部位不要前后左右晃动，以保持身体的稳定。

运动轨迹：由下向上。

运动幅度：小腿由下向上至双腿伸直，使股四头肌充分收缩，小腿与大腿趋近垂直，还原至初始位置，使器械钢线张力不消失（且配重片不发出声响）、股四头肌肌张力不消失。

安全提示：全身各个关节不要超伸锁死，以免造成损伤。

动作速度：用力时 2～4 秒，还原时 2～4 秒。

动作呼吸：用力时呼气，还原时吸气。

运动量：每组完成 8～12 次，完成 4～5 组。

间歇时间：组间休息 60～90 秒。

图 3-72 坐姿腿屈伸示范图

4. 目标肌群：股四头肌

锻炼目的：提高股四头肌肌力与肌耐力。

器械名称：倒蹬训练器。

动作名称：倒蹬（见图 3-73）。

设计原理：此动作阻力方向向后，在与阻力方向相反的运动环节中，小腿在膝关节处做了一个伸的动作，因为股四头肌在近固定、向心收缩时，有使小腿在膝关节处伸的功能，肌肉功能与运动部位相吻合，所以设计的这个动作可以锻炼到股四头肌。

身体位置：坐于倒蹬训练器上，调整合适的重量，双脚踩实踏板，双手握住两侧握把。

身体姿态：双脚分开与肩同宽，骨盆中立，挺胸收腹、沉肩、下颚微收，双眼平视前方，脊柱保持自然生理弯曲，从侧面看耳、肩、髋在一条直线上。

稳定：整个运动过程中全身各个部位不要前后左右晃动，以保持身体的稳定。

运动轨迹：由后向前。

运动幅度：小腿由后向前至双腿伸直，使股四头肌充分收缩，小腿与大腿趋近垂直，还原至初始位置，使器械钢线张力不消失（且配重片不发出声响）、股四头肌肌张力不消失。

安全提示：全身各个关节不要超伸锁死，以免造成损伤。

动作速度：用力时 2～4 秒，还原时 2～4 秒。

动作呼吸：用力时呼气，还原时吸气。

运动量：每组完成 8～12 次，完成 4～5 组。

间歇时间：组间休息 60～90 秒。

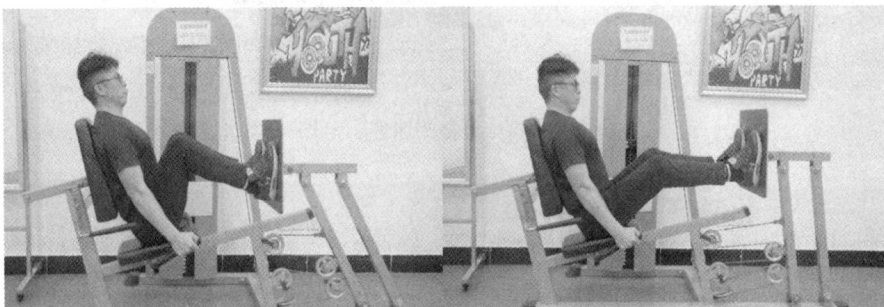

图 3-73　倒蹬示范图

5. 目标肌群：股四头肌

锻炼目的：提高股四头肌肌力与肌耐力。

器械名称：史密斯训练器。

动作名称：杠铃半蹲（见图 3-74）。

设计原理：此动作阻力方向向下，在与阻力方向相反的运动环节中，大腿在膝关节处做了一个伸的动作，因为股四头肌在远固定、向心收缩时，有使大腿在膝关节处伸的功能，肌肉功能与运动部位相吻合，所以设计的这个动作可以锻炼到股四头肌。

身体姿态：双脚开立间距略比肩宽，脚尖朝前或向外张开 30°～45°，膝关节微屈朝脚尖方向，骨盆中立，挺胸收腹，沉肩，下颚微收，双眼平视前方，脊柱保持自然生理弯曲，从侧面看耳、肩、髋在一条直线上。

稳定：整个运动过程中全身各个部位不要前后左右晃动，以保持身体的稳定。

运动轨迹：由下向上。

运动幅度：大腿由下向上至身体直立，使股四头肌充分收缩，还原至初始位置大腿与地面平行。

安全提示：全身各个关节不要超伸锁死，以免造成损伤。

动作速度：用力时 2～4 秒，还原时 2～4 秒。

动作呼吸：用力时呼气，还原时吸气。

运动量：每组完成 8～12 次，完成 4～5 组。

间歇时间：组间休息 60～90 秒。

图 3-74 杠铃半蹲示范图

6. 目标肌群：股二头肌

锻炼目的：提高股二头肌肌力与肌耐力。

器械名称：腿部训练器。

动作名称：坐姿腿屈伸（见图 3-75）。

设计原理：此动作阻力方向向上，在与阻力方向相反的运动环节中，小腿在膝关节处做了一个屈的动作，因为股二头肌在近固定向心收缩时，有使小腿在膝关节处做屈的功能，肌肉功能与运动部位相吻合，所以设计的这个动作可以锻炼到股二头肌。

身体位置：首先选择合适的重量，身体坐于腿部训练器上，将滚轴固定于小腿远端后侧，双手握住两侧握把。

身体姿态：双脚分开与肩同宽，膝关节朝向脚尖方向，并且伸直，骨盆保持中立位，挺胸收腹，沉肩，下颚微收，双眼平视前方，脊柱保持自然生理弯曲，从侧面看耳、肩、髋在一条直线上。

稳定：整个运动过程中全身各个部位不要前后左右晃动，以保持身体的稳定。

运动轨迹：由上向下。

运动幅度：由上向下至大腿与小腿的夹角小于90°，股二头肌充分收缩，还原至初始位置，器械钢线张力不消失，肱二头肌肌张力不消失。

安全提示：全身各个关节不要超伸锁死，以免造成损伤。

动作速度：用力时2～4秒，还原时2～4秒。

动作呼吸：用力时呼气，还原时吸气。

运动量：每组完成8～12次，完成4～5组。

间歇时间：组间休息60～90秒。

图3-75　坐姿腿屈伸示范图

7. 目标肌群：股二头肌

锻炼目的：提高股二头肌肌力与肌耐力。

器械名称：弹力带，瑜伽垫。

动作名称：弹力带腿屈伸（见图3-76）。

设计原理：此动作阻力方向向后，在与阻力方向相反的运动环节中，小腿在膝关节处做了一个屈的动作，因为股二头肌在近固定向心收缩时，有使小腿在膝关节处做屈的功能，肌肉功能与运动部位相吻合，所以设计的这个动作可以锻炼到股二头肌。

身体位置：首先选择合适重量的弹力带，身体俯卧于瑜伽垫上，将弹力带固定于小腿远端后侧。

身体姿态：双脚并拢，骨盆保持中立位，挺胸收腹，沉肩，下颚微收，双眼平视前方，脊柱保持自然生理弯曲，从侧面看耳、肩、髋在一条直线上。

稳定：整个运动过程中全身各个部位不要前后左右晃动，以保持身体的稳定。

运动轨迹：由后向前。

运动幅度：由后向前至大腿与小腿的夹角小于90°，股二头肌充分收缩，还原至初始位置，器械钢线张力不消失，股二头肌肌张力不消失。

安全提示：全身各个关节不要超伸锁死，以免造成损伤。

动作速度：用力时2～4秒，还原时2～4秒。

动作呼吸：用力时呼气，还原时吸气。

运动量：每组完成15～20次，完成4～5组。

间歇时间：组间休息60～90秒。

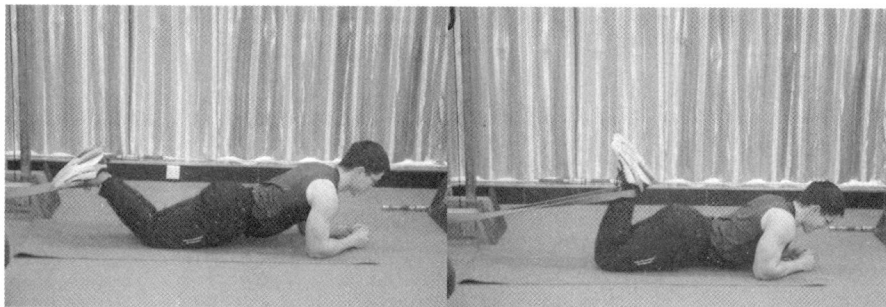

图3-76 弹力带腿屈伸示范图

8. 目标肌群：腓肠肌

锻炼目的：提高腓肠肌肌力与肌耐力。

器械名称：钢线拉力器/弹力带。

动作名称：拉力器/弹力带站姿提踵（见图3-77）。

设计原理：此动作阻力方向向下，在与阻力方向相反的运动环节中，足在踝关节处做了一个屈的动作，因为腓肠肌在近固定向心收缩时，有使足在踝关节处屈的功能，肌肉功能与运动部位相吻合，所以设计的这个动作可以锻炼到腓肠肌。

身体位置：（拉力器）首先将滑轮把手调整至最低位，单脚踩实地面，另一只脚放在支撑脚的腘窝处自然伸直，单手采用对握、闭握训练握把，置于身体一侧，另一只手扶住固定物（弹力带）。

身体姿态：单脚踩实地面，脚尖朝前，膝关节朝向脚尖方向，骨盆保持中立位，挺胸收腹，下颚微收，双眼平视前方，脊柱保持自然生理弯曲，从侧面看耳、肩、髋在一条直线上。

稳定：整个运动过程中全身各个部位不要前后左右晃动，以保持身体的稳定。

运动轨迹：由下至上。

运动幅度：足由下向上至腓肠肌充分收缩，还原至初始位置使钢线拉力器/弹力带张力不消失（且配重片不发出声响）、脚后跟不接触地面、腓肠肌肌张力不消失。

安全提示：全身各个关节不要超伸锁死，以免造成损伤。

动作速度：用力时 2～4 秒，还原时 2～4 秒。

动作呼吸：用力时呼气，还原时吸气。

运动量：每组完成 15～20 次，完成 4～5 组。

间歇时间：组间休息 60～90 秒。

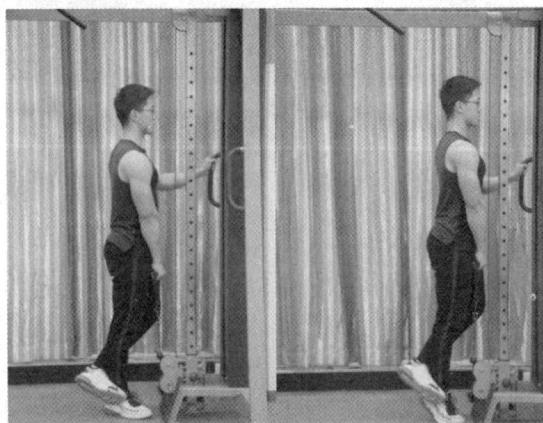

图 3-77　拉力器/弹力带站姿提踵示范图

9. 目标肌群：半腱肌

锻炼目的：提高半腱肌肌力与肌耐力。

器械名称：腿部训练器。

动作名称：坐姿腿屈伸（见图3-78）。

设计原理：此动作阻力方向向上，在与阻力方向相反的运动环节中，小腿在膝关节处做了一个屈的动作，因为半腱肌在近固定向心收缩时，有使小腿在膝关节处做屈的功能，肌肉功能与运动部位相吻合，所以设计的这个动作可以锻炼到半腱肌。

身体位置：首先选择合适的重量，身体坐于腿部训练器上，将滚轴固定于小腿远端后侧，双手握住两侧握把。

身体姿态：双脚分开与肩同宽，膝关节朝向脚尖方向，并且伸直，骨盆保持中立位，挺胸收腹，沉肩，下颚微收，双眼平视前方，脊柱保持自然生理弯曲，从侧面看耳、肩、髋在一条直线上。

稳定：整个运动过程中全身各个部位不要前后左右晃动，以保持身体的稳定。

运动轨迹：由上向下。

运动幅度：由上向下至大腿与小腿的夹角小于90°，股二头肌充分收缩，还原至初始位置，器械钢线张力不消失，肱二头肌肌张力不消失。

安全提示：全身各个关节不要超伸锁死，以免造成损伤。

动作速度：用力时2～4秒，还原时2～4秒。

图3-78　坐姿腿屈伸示范图

动作呼吸：用力时呼气，还原时吸气。

运动量：每组完成 8～12 次，完成 4～5 组。

间歇时间：组间休息 60～90 秒。

（二）腿部热身训练动作与技术

1. 目标肌群：股四头肌

锻炼目的：激活股四头肌。

器械名称：徒手自重。

动作名称：原地箭步蹲（见图 3-79）。

设计原理：此动作阻力方向向下，在与阻力方向相反的运动环节中，大腿在膝关节和髋关节处做了一个屈和伸的动作，因为股四头肌在远固定、向心收缩时，有使大腿在膝关节和髋关节处做了一个屈和伸的功能，肌肉功能与运动部位相吻合，所以设计的这个动作可以锻炼到股四头肌。

身体姿态：双脚开立间距略比肩宽，脚尖朝前或向外张开 30°～45°，膝关节微屈朝脚尖方向，骨盆中立，挺胸收腹，沉肩，下颚微收，双眼平视前方，脊柱保持自然生理弯曲，从侧面看耳、肩、髋在一条直线上。

稳定：整个运动过程中全身各个部位不要前后左右晃动，以保持身体的稳定。

运动轨迹：左右侧腿部交替向前迈步。

运动幅度：单侧腿部向前做箭步蹲时，大腿与地面呈平行，大腿与小腿呈 90°，支撑腿自然生理弯曲。

安全提示：全身各个关节不要超伸锁死，以免造成损伤。

动作速度：用力时 2～4 秒，还原时 2～4 秒。

动作呼吸：用力时呼气，还原时吸气。

运动量：每组完成 15～20 次，完成 2～3 组。

间歇时间：组间休息 60～90 秒。

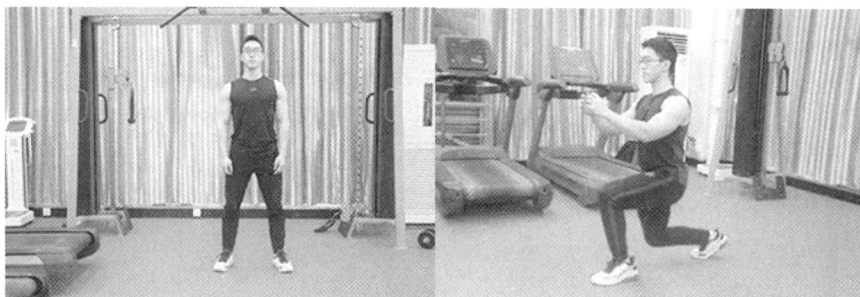

图 3-79　原地箭步蹲示范图

2. 目标肌群：股二头肌

锻炼目的：激活股二头肌。

器械名称：弹力带。

动作名称：弹力带直膝硬拉（见图 3-80）。

设计原理：此动作阻力方向向下，在与阻力方向相反的运动环节中，小腿伸直，骨盆做了一个后倾的动作，因为股二头肌在远固定向心收缩时，在小腿伸直时有使骨盆后倾的功能，肌肉功能与运动部位相吻合，所以设计的这个动作可以锻炼到股二头肌。

身体位置：首先找一片空地并选择合适重量的弹力带，将弹力带中段踩实在脚下，双脚踩实地面，双手采用对握、闭握紧握弹力带两端。

身体姿态：双脚开立与髋同宽，膝关节朝向脚尖方向，并且伸直，骨盆保持中立位，挺胸收腹，沉肩，下颚微收，双眼平视前方，肘关节微屈，手腕保持中立位，脊柱保持自然生理弯曲，从侧面看耳、肩、髋在一条直线上。

稳定：整个运动过程中全身各个部位不要前后左右晃动，以保持身体的稳定。

运动轨迹：由下向上。

运动幅度：由下向上至身体直立，股二头肌充分收缩，还原至初始位置，躯干与地面平行，弹力带张力不消失，股二头肌肌张力不消失。

安全提示：全身各个关节不要超伸锁死，以免造成损伤。

动作速度：用力时 2～4 秒，还原时 2～4 秒。

动作呼吸：用力时呼气，还原时吸气。

运动量：每组完成 15～20 次，完成 2～3 组。

间歇时间：组间休息 60～90 秒。

图 3-80　弹力带直膝硬拉示范图

3. 目标肌群：小腿三头肌

锻炼目的：激活小腿三头肌。

器械名称：徒手自重。

动作名称：单侧站姿提踵（见图 3-81）。

设计原理：此动作阻力方向向下，在与阻力方向相反的运动环节中，足在踝关节处做了一个屈的动作，因为小腿三头肌在近固定向心收缩时，有使足在踝关节处屈的功能，肌肉功能与运动部位相吻合，所以设计的这个动作可以锻炼到小腿三头肌。

身体姿态：单脚踩实地面，脚尖朝前，膝关节朝向脚尖方向，骨盆保持中立位，挺胸收腹，下颚微收，双眼平视前方，脊柱保持自然生理弯曲，从侧面看耳、肩、髋在一条直线上。

稳定：整个运动过程中全身各个部位不要前后左右晃动，以保持身体的稳定。

运动轨迹：由下至上。

运动幅度：足由下向上至腓肠肌充分收缩，还原至初始位置使钢线拉力器/弹力带张力不消失（且配重片不发出声响）、脚后跟不接触地面、腓肠肌肌张力不消失。

安全提示：全身各个关节不要超伸锁死，以免造成损伤。

动作速度：用力时 2～4 秒，还原时 2～4 秒。

动作呼吸：用力时呼气，还原时吸气。

运动量：每组完成 15～20 次，完成 2～3 组。

间歇时间：组间休息 60～90 秒。

图 3-81　单侧站姿提踵示范图

第四章
有氧训练指南

第一节　有氧运动的基本知识

一、有氧运动的概念

从本质上来讲，有氧运动指的是长时间开展的运动或耐力运动，能够有效地、充分地袭击练习者的心、肺，也就是练习者的血液循环系统与呼吸系统，使其心肺功能得到提高，进而保证身体的各组织器官都能够获得充分的营养供应与氧气，使得练习者最佳的身体功能状态得到维持。所以，有氧运动含义中所指的较长时间应该最好保持在超过 20 分钟，且维持在 30~60 分钟之间，并且其运动形式应该对于练习者心肺功能的提高能够起到一定的促进作用，常见的运动形式有步行、慢跑、原地跑、骑自行车、游泳、有氧健身操，等等。而短跑、举重、静力训练或健身器械等运动，一般被称作是无氧运动。虽然它们能够使人的肌肉与爆发力得到增强，但是，之所以说无氧运动的健身效果没有有氧运动理想，主要是因为无氧运动不能够使练习者的心肺功能得到有效刺激。

二、有氧运动的特性

在有氧运动开展的过程中，机体吸氧量同机体消耗的氧气量之间存在的关系是大致等于的关系，在运动的过程中只有这样，才能够使练习者始终处于"有氧"的状态下。同时，在时间短与强度高的情况下有一些运动也能够完成。在实际运动的过程之中练习者吸入的氧气量同其消耗的需求很难相适应，换句话说，练习者机体内部呈现出"入不敷出"的氧气状态，如果练习者长期处于这种"缺氧"的状态，从事这样的无氧运动，那么十分不利于练习者机体的健康发展。有氧运动会消耗机体的氧气，将一种不至于上气不接下气，但是会有轻微气喘的感觉带给练习者；有氧运动会使练习者不至于大汗淋漓，但是会轻微出汗；有氧运动不会使人感觉到肢体的疲劳感，会舒展练习者的全身。一种好的有氧运动，并不是上肢或者下肢的局部运动，而是一种全身性运动。如果能够在悦耳的、有氧的音乐背景下开展有氧运动，那么对于练习者长时间的投入是有利的，能够促进更加良好锻炼效果的取得。所以，对于有氧运动的特性，作者进行了如下的总结。

（一）需要较长时间开展的运动

有氧运动是一种需要较长时间开展的运动，最佳持续时间应该保持在 20 分钟至 60 分钟之间，而练习者体内的糖或脂肪等物质的氧化为运动提供了所需要的能量。

（二）一种全身性的肌肉活动

对于有氧运动而言，在开展时如果练习者机体全身参加的肌肉越多，那么获得的效果就越好，最佳状态是 1/6 至 2/3 的肌肉群。反之，如果练习者开展的是小肌肉的局部性运动，那么就会导致局部疲劳非常容易发生，直接中断了运动过程，因此，想要持久开展是不可能的；同时，足够的氧气消耗量是很难达到的，更不要说促进血液系统、呼吸系统与循环系统的改善与提高了。

（三）具备一定的强度

对于有氧运动而言，应该在某一个特定的强度范围保持，最好是在中等强度、低等强度之间，同时，应该保持 20 分钟或者是更长的持续时间。

（四）具有一定的律动性

对于有氧运动而言，实际上是一种肢体的律动性活动。如果运动是具备律动性的，那么就很容易对运动强度进行控制，只有这样才能够在适宜的有氧运动强度范围内，维持合适的运动强度，进而获得最佳的效果。反之，如果运动是断续性的，那么就会存在较大的强度变化，从而获得不理想的运动效果。

三、有氧运动锻炼原则

（一）适度锻炼

大运动量的健身运动有可能会慢慢损伤人的身体，对于运动基础较弱的锻炼者来说，每周跑步超过 20 千米就有些过量了。建议每周锻炼 3～5次，每次 30 分钟。

（二）交替锻炼

可以第一天选择骑自行车，第二天选择慢跑；或者跑步时的速度时快时慢，增强对心脏的锻炼。

（三）不以体重论健康

锻炼通常能降低体重，但体重并不能说明什么，勤于健身的胖子可能比坐着不动的瘦子更健康，因此，不要为体重超过标准而忧心忡忡。

（四）灵活多样

健身是一个系统工程，体育锻炼对身心健康非常有必要，但并不是万能的，想要真正地健康，平时还要注意饮食、戒烟、控制饮酒，精神不要过于紧张。

四、有氧运动常见的训练方法

（一）间歇训练法

间歇训练法是指在两次练习之间有适当的间歇时间，在间歇期间进行强度较低的练习而不是完全休息。由于间歇训练对练习的距离、强度、每次练习的时间及每次练习的间歇时间都有严格的规定，往往不等身体机能完全恢复就开始下一次练习，因此，对身体机能要求较高，能引起身体结构、机能及生物化学等方面较深刻的变化。

（二）持续训练法

长时间持续运动可以对人体生理机能产生诸多良好的影响，如提高大脑皮层神经过程的均衡性和机能稳定性，改善参与运动的有关中枢神经间的协调关系，提高心肺功能等。

第二节　有氧运动技术

一、有氧运动器械练习技术

为了提高心肺耐力，可以在室内进行各种各样的有氧运动练习，这些有氧运动器械包括跑步机、椭圆运动机、台阶器和固定自行车等。

（一）跑步机练习技术

跑步机是一种可以在原地进行步行和跑步练习的室内最基本的有氧运动器械。跑步机的跑带部分具备较好的缓冲功能，能将运动时产生的冲击力降低。在练习时，跑步机的跑带速度和坡度可根据需要进行调整。跑步机上还有把手，可以用来维持人体平衡。

1. 跑步机步行练习的入门方法

在启动跑步机前，可以让练习者两脚分别站在跑带以外的两侧部位，双手握住把手。当跑步机启动后，让练习者先踏上一只脚，然后再踏上另一只脚，开始迈步走动。如果练习者无法保持平衡，可让其双手仍握住把手，但也不要握得太紧，同时向前迈的脚要用力向后"扒"跑带。当练习者能够维持平衡后，应鼓励其将双手离开把手，摆动双臂以保持平衡。要让初学者脱离对把手的依赖，可按以下步骤进行练习：

（1）两手轻轻握住把手；

（2）两手手指扶住把手；

（3）一只手轻轻握住把手，另一臂自然摆动；

（4）一只手的手扶住把手，另一手臂自然摆动；

（5）两手完全离开把手，自然摆臂。要告诉练习者在跑带的中部位置进行练习，而不要太靠后或两侧部位，以避免从跑步机上跌落。

2. 跑步机步行技术

步行时，应保持正确的身体姿势，以增强锻炼效果，降低脊柱和腰背部肌肉的负荷。练习者的头、躯干要保持自然、正直的姿态，挺胸、收腹，双眼平视前方，肩部放松，从侧面看，耳、肩和髋部保持在同一条垂直于地面的直线上。

要保持髋部放松，脚后跟外侧先着地，然后迅速过渡到脚后跟内侧，再过渡到前脚掌，最后前脚掌离地。脚掌不要过度内翻或外翻，否则可能会造成下肢关节损伤。

摆臂动作与腿部动作要协调配合，摆臂的速度要与步频相同。当左脚前迈时，右臂前摆；当右脚前迈时，左臂前摆。摆臂时，肩部要放松，手掌自然半握拳。快速行走时，屈肘约90°，这样可使摆臂的动作更快。手臂向前并向内侧摆动时，手可以接近胸部高度，但不要超过身体的正中面；手臂向后摆动时，手可以接近臀部高度。

为了提高跑步速度，可加快步频、增大步幅，或者同时采用这两种方法，但没有必要刻意、过分地增大步幅。步行时若较为放松，反而会增大步幅。

3. 跑步机跑步技术

步行时，应保持正确的身体姿势，以增强锻炼效果，降低脊柱和腰背部肌肉的负荷。练习者的头、躯干要保持自然、正直的姿态，挺胸、收腹，双眼平视前方，肩部放松，从侧面看，耳、肩和髋部保持在同一条垂直于地面的直线上。

对于跑步的练习者，由脚后跟过渡到前脚掌的着地方式是最安全的，可减少下肢关节受到的反作用力。脚后跟外侧先着地，然后迅速过渡到脚后跟内侧，再过渡到前脚掌，最后前脚掌离地。脚后跟和前脚掌着地的动作要柔和，就像在地面上"滚动"一样。这样可以减少消耗的能量，降低损伤的可能性。脚着地时，下肢关节的震颤动作也是错误的，容易增大对下肢关节的冲击力。摆臂时，肩部要放松，屈肘，手掌自然半握拳。摆臂动作一般是以肩关节为轴的。手臂向前并向内侧摆动时，手可以接近胸部高度，但不要超过身体的正中面；手臂向后摆动时，手可接近臀部高度。

要提高跑步的速度，可以增大步幅、加快步频，或者同时采用这两种方法。步幅与腿长、柔韧性、力量、协调性和疲劳程度有关。在跑步时，脚应该在身体的正下方着地。如果步幅过大，练习者的重心会提高，使下肢关节受到的反作用力增大，并造成不必要的制动效果，这样不仅会降低速度，还会增加出现损伤的可能性。步幅过大，只会起到适得其反的效果。相反，如果步幅过小，会无谓地浪费能量、减慢速度。因此，练习者要按照适合自己的步长和步频进行练习，这样才能提高运动水平，达到最佳的锻炼效果。

（二）椭圆运动机练习技术

椭圆运动机是一种将步行、跑步和蹬台阶练习结合到一起的室内有氧运动器械。椭圆运动机练习能够代替走步、跑步和蹬台阶练习，并且对人体下肢各关节的冲击力较小，是一项非常安全、有效的练习，现在变得越来越受欢迎。下面介绍的椭圆运动机正确的练习技术。

运动时，练习者将双脚放在脚踏上，脚尖自然朝向前方，膝关节要对准脚尖。练习者双手轻轻握住把手，能够保持平衡即可。能够保持平衡者，可以将两手完全放开，屈肘关节约90°，自然放松摆动。如过分依赖器械把手，会使运动强度降低，上肢也不能保持正确姿势。头和躯干要自然地保持正直姿势，双眼平视，挺胸、收腹，肩部要保持放松。在屈膝时，膝关节不要超过脚尖，以避免对膝关节的压力过大，防止出现损伤。

（三）台阶器练习技术

台阶器是一种模拟蹬台阶练习的室内有氧运动器械。由于台阶器使用了自动升降器装置，而且练习过程中脚掌始终没有离开脚踏，因此它能够降低对膝关节的作用力。练习者还可以自由控制，采用不同的运动幅度，使练习更为安全、舒适。下面介绍的是台阶器正确的练习技术。

运动时，练习者将双脚放在脚踏上，脚尖自然朝向前方，膝关节要对准脚尖。双手轻轻握住把手，能够保持平衡即可。将身体重量过分地放在器械把手上，会使能量消耗减少。能够维持平衡者，可以将双手完全放开，屈肘关节约90°，自然放松摆动。要挺胸、收腹，头和躯干要自然地保持正直姿势，双眼平视，两肩放松。在练习时，有些练习者上体过分前倾，使腰背部的压力增大，这是运动速度过快的结果，有些练习者左右摆动过大，可能是运动幅度过大的结果，这也会导致上体过分前倾。为使练习者保持上体平衡和正确的身体姿势，可以降低运动速度或减少运动幅度。当屈膝时，膝关节不要超过脚尖；伸膝时，不要锁膝，要保持适当的弯曲程度。过度的伸膝或屈膝动作，都会增大膝关节的压力，可能会导致损伤的发生。

台阶器练习的运动幅度，取决于练习者的身高和运动水平。练习时，为了保持适当的强度和正确的身体姿势，双脚的运动幅度要保持在10～20厘米之间。不要使脚踏落地，也不要使脚踏接触器械的最上缘。在保证不产生过度疲劳或上体过分前倾动作的前提下，可以保持较大的运动幅度。练习时，动作幅度也不要过小。幅度过小，股四头肌、围绳肌和臀部肌肉不能得到充分的锻炼。

台阶器练习的速度，取决于练习者的运动能力。按照合适的节奏进行练习，能使运动时间更长，并且有助于保持正确的身体姿势。初学者在练习时，可以适当放慢节奏。当练习者能够维持身体平衡，并感觉很适应时，可以加快动作节奏。但运动节奏过快时，容易出现臀部左右摆动过大或运动幅度过小的问题。

（四）固定自行车练习技术

固定自行车分为两种，一种是直立式的，一种是靠背式的。固定自行车练习对下肢的冲击力较小，尤其适合于身体较大、下肢有伤或不能走路的练习者。下面介绍的是固定自行车正确的练习技术。

运动时，当一侧脚踏位于最低位置时，同侧腿的膝关节应略微弯曲，这样就不会出现膝关节完全伸直而产生锁膝的现象。当脚踏位于最高点时，同侧大腿应该保持在髋部高度，约与地面平行。如果坐椅位置过低，当脚踏位于最高点时，膝关节会高于髋部。这时，做向下蹬踏动作时，膝关节的压力会过大，容易造成损伤。另外，由于下肢运动过分靠近躯干，身体还会有紧张不适的感觉。相反，如果坐椅位置过高，两脚就会随着脚踏过分向下运动，臀部也会随之左右摆动，容易使脊柱和下肢带关节压力过大。通常情况下，握住器械把手后，上体要保持自然正直的姿态，也可以略微前倾，但不要弯腰弓背。

靠背式固定自行车的座椅较为舒适，躯干有靠背支撑，特别适合于老年人、体弱者、体重较大者、腰背部有伤病者、心脏病恢复者和孕妇等进行练习。

二、其他有氧运动练习技术

（一）室外步行和跑步

室外步行具有合理的生物力学机制，是最为简便、经济和安全的运动方式。室外跑步也是最常见的提高心肺耐力水平的练习，同步行一样，它也具有经济、简便易行的特点。跑步同步行相比，消耗的能量较大，对心肺耐力水平要求较高，但跑步对下肢各关节的冲击力较大。当单脚着地时，下肢关节受到的作用力相当于人体自身重量的2~4倍，这对人体结构的危害性是较大的，可能会给人体造成一定的损伤。如果练习者的腰背部、髋关节、膝关节、踝关节或脚部有伤，可以选择步行、骑自行车、游泳、水上练习等其他对下肢关节冲击力较小的练习。

室外跑步最好在较软的、平整的路面上进行，而不要在较硬的路面上进行，以避免给下肢关节造成损伤。同时还要注意，不要在人多、车多的地方跑步，以避免出现意外。

另外，室外步行和跑步练习都不要在空气质量较差的地方以及天气不好（大风、下雨、下雪）的情况下进行，以免对健康不利或出现意外。

室外步行和跑步技术基本上与跑步机步行和跑步练习技术相同。

（二）踏板练习

我们应明确踏板练习不适合膝关节有伤的练习者。进行练习时，踏板应稳固地放在地上，避免晃动。踏板高度要因人而异，一般为10~30厘米，初学者不要超过20厘米。双脚与踏板距离要因人而异，一般约30厘米。头和躯干应保持自然、正直姿势，挺胸、收腹。上踏板时，应将脚踏在踏板的中央，避免踩在踏板边缘。下板时，由前脚掌着地过渡到全脚掌缓冲落地，避免踝、膝、腰的损伤。可跳上踏板，但不可跳下踏板。在做复杂动作时，不要负重，以确保安全。

（三）跳绳练习

跳绳练习也属于非常简便、经济的锻炼方式之一，可在室外练习，也可以在室内进行练习。为了减少对下肢关节的冲击，在室外跳绳，不要在较硬的地面上进行练习，在室内最好在地板上进行练习。

跳绳练习时，头和躯干应保持自然、正直姿势，双眼平视，挺胸、收腹。双脚落地时，要用前脚掌着地，动作要富有弹性，注意缓冲。肩部、手臂应该放松，上下肢动作协调配合。

第五章
伸展训练指南

第一节　伸展训练的基础知识

一、伸展练习的分类

最常用的柔韧性练习是伸展练习，或称牵张练习。它包括冲击性伸展练习和静力性伸展练习，此外还有 PNF 练习等。

（一）冲击性伸展练习

冲击性伸展练习是最早，也是最常用的加强柔韧性的练习方法。练习时通过反复的冲击动作牵拉肌肉。这种练习方法，由于神经肌肉的牵张反射，每冲击一次，便会引起肌肉一次反射性收缩，冲击的力量越大，反射性收缩的强度越大。反射性收缩部分抵消了主动牵拉肌肉的力量，降低了锻炼效果，如果主动冲击的力量过大，则可能引起肌肉拉伤。这种练习方法，20 年前在国外已遭到反对。

（二）静力性伸展练习

静力性伸展练习的要点是，在练习时慢慢牵拉肌肉，当肌肉感到被牵拉时，停止继续拉长，坚持 10～30 秒后再放松。静力性伸展练习，避免了牵张反射的副作用，其优点是效果明显，花费的时间相对较短，可以独立完成，发生肌肉损伤的概率低。因此，静力性伸展练习为首选的柔韧性练习方法。

（三）PNF 练习

PNF 意为"本体感觉神经肌肉易化法"，也被译为"本体感觉神经肌肉促进法"。PNF 技术是通过刺激本体感受器（肌肉、腱梭等），而促进和加速肌体神经肌肉系统反应的一种方法。在运动前或运动时刺激本体感觉，有时配合刺激其他感受器（触觉、听觉、视觉等），使其作用于运动中枢，加强运动冲击，使更多的前角细胞或运动机能单位兴奋，从而提高锻炼效果。

下面介绍的 PNF 练习，是 PNF 技术中的一种，指"收缩—放松"练习。PNF 练习是利用牵拉肌肉引起牵张反射，促使痉挛或紧张的肌肉放松，达到加大关节活动幅度的目的，是一种被动伸展练习。

PNF 练习的方法是先使锻炼者的肢体达到关节活动幅度的最大限度，被动静力性伸展 15～30 秒钟，然后被拉长的肌肉用力对抗给予的阻力，做肌肉最大强度的等长收缩，坚持 6 秒，放松 6 秒；这时肢体可以很容易地被推到一个更大的最大限度，被动静力性伸展 15～30 秒钟；再次做肌肉最大强度的等长收缩，各次之间基本没有间隔时间。一般重复在3～5次以内，关节活动幅度每次提高幅度较明显，之后提高的幅度下降，可重复多至 10 次左右。

经研究结果表明，PNF 练习能够有效地提高身体的柔韧性，且不易引起肌肉损伤，但需要时间较长。

二、伸展练习动作的分析与技术要点

同抗阻训练一样，进行伸展练习时首先也要明确目标肌群，根据目标肌群的起止点、功能，分析某个伸展练习动作是否能够牵拉到目标肌群，以保证伸展练习动作的正确性和有效性。例如，要伸展股四头肌，根据股四头肌使膝关节伸的功能，我们可以知道要使股四头肌受到牵拉就必须使膝关节屈。又因为股直肌还跨过髋关节，具有使髋关节屈的功能，我们可以知道要使股四头肌受到充分牵拉就还要使髋关节伸。由此，我们可以明确股四头肌的伸展练习动作应该是膝关节屈，同时髋关节伸。

第二节　身体主要部位肌肉伸展训练动作技术

一、肩部伸展训练动作与技术

（一）目标肌群：三角肌前束

动作：站姿肩部拉伸（见图5-1）。

设计原理：因为三角肌前束在近固定向心收缩时有使上臂在肩关节处水平屈的功能，所以做一个相反的动作，使上臂在肩关节处水平伸，就可以拉伸到三角肌前束。

要求：

（1）自然站立在地面，双脚成弓步，双手伸直抬于肩高。

图5-1　站姿肩部拉伸示范图

（2）找两固定物或一个同伴，双手握住固定物或让同伴握住自己手腕，使上身向前缓慢倾倒，注意控制身体平稳。当感到三角肌前束有明显的拉伸感时，保持5～10秒，然后还原。

注意：不要超过自身关节活动限度，不要过度拉伸，谨防受伤。

（二）目标肌群：三角肌中束

动作：肩关节水平屈（见图5-2）。

设计原理：因为三角肌中束在近固定向心收缩时可使上臂在肩关节处外展，所以做一个相反的动作，使上臂在肩关节处内收，就可以拉伸到三角肌中束。

要求：

（1）站立或坐在无靠背的椅子上。

（2）双脚与肩同宽，足尖朝前。

（3）依据个体柔韧性，用左手抓住右肘、前臂或手腕。

（4）将右上臂朝左肩牵拉。

（5）对另一只手臂重复此拉伸。

注意：不要过度拉伸，防止受伤。

图5-2　肩关节水平屈示范图

（三）目标肌群：三角肌后束

动作：侧拉肘部（见图5-3）。

设计原理：因为三角肌后束在近固定向心收缩时有使上臂在肩关节处外展的功能，所以做一个相反的动作，使上臂在肩关节处内收，就可以拉伸三角肌后束。

要求：

（1）站立，双脚与肩同宽。

（2）将左臂从身前穿过，左手接近右髋部。

（3）用右手抓住左肘部。

（4）用右手尝试朝下和身体后侧牵拉左肘部。

（5）对另一只手臂重复这些步骤。

注意：不要过分拉伸，防止受伤。

图5-3　侧拉肘部示范图

二、胸部伸展训练动作与技术

（一）目标肌群：胸大肌

动作：胸部拉伸（见图5-4）。

设计原理：因为胸大肌近固定向心收缩有使上臂在肩关节处水平屈的功能，所以做一个相反的动作，使上臂在肩关节处水平伸，就可以拉伸到胸大肌。

要求：

（1）找一垂直墙面，一手抬平，上臂与地面平行，前臂与地面垂直，一手贴于墙面上，另一手叉腰，双腿成弓步。

（2）上身缓慢向前倾倒，感受胸大肌拉伸，直至有明显拉伸感，保持10～15秒。然后换另一只手重复此动作。

注意：拉伸时脊柱要保持自然生理弯曲，身体不可过分前倾，以防受伤。

图 5-4　胸部拉伸示范图

（二）目标肌群：胸大肌

动作：胸部被动拉伸（见图 5-5）。

设计原理：因为胸大肌近固定向心收缩有使上臂在肩关节处水平屈的功能，所以做一个相反的动作，使上臂在肩关节处水平伸，就可以拉伸到胸大肌。

要求：

（1）两人配合，一人直立坐于凳面，双手在头后方交叉，另一人站在其身后，用双手将其肘关节固定。

（2）匀速后方向拉伸，感受胸大肌被拉伸，直至有明显拉伸感，保持 10～15 秒。然后换另一只手重复此动作。

注意：拉伸时脊柱要保持自然生理弯曲，身体不可过分前倾，以防受伤。

图 5-5　胸部被动拉伸示范图

三、臂部伸展训练动作与技术

（一）目标肌群：肱二头肌

动作：肱二头肌拉伸（见图 5-6）。

设计原理：因为肱二头肌在近固定向心收缩时有使小臂在肘关节屈的功能，所以设计这个动作的功能与之相反的动作，使小臂在肘关节处伸，就可拉伸到肱二头肌。

要求：

（1）找一个竖杆，背对竖杆，伸直手臂背后握住竖杆，掌心朝内。

（2）准备好初始动作后，开始略微弯曲膝关节。使上臂和手肘前部牵拉感增加。保持 10～15 秒。换手重复这一动作。

图 5-6　肱二头肌拉伸示范图

（二）目标肌群：肱二头肌

动作：肱二头肌拉伸（见图 5-7）。

设计原理：因为肱二头肌在近固定向心收缩时有使小臂在肘关节屈的功能，所以设计这个动作的功能与之相反的动作，使小臂在肘关节处伸，就可拉伸到肱二头肌。

图 5-7　肱二头肌拉伸示范图

要求：

（1）找一个竖杆，背对竖杆，伸直手臂背后握住竖杆，掌心朝内。

（2）两人配合，一人直立坐于地面，双手在身体后方交叉，另一人站在其身后，用双手将其腕关节固定。

（3）匀速后上方向抬起，感受肱二头肌被拉伸，直至有明显拉伸感，保持10～15秒。可换另一只手重复此动作。

注意：拉伸时脊柱要保持自然生理弯曲。身体不可过分前倾，以防受伤。

（三）目标肌群：肱三头肌

动作：肱三头肌拉伸（见图5-8）。

设计原理：因为肱三头肌在近固定向心收缩时有使小臂在肘关节处伸的功能，所以设计与之相反的动作，使小臂在肘关节处屈的动作即可拉伸到肱三头肌。

要求：

（1）找面墙壁，身体靠近墙壁，手肘沿墙面向上滑动，直至大臂大部分与墙贴合。

（2）手肘尽可能弯曲增加牵拉感，保持10～15秒。换手重复此动作。

图5-8　肱三头肌拉伸示范图

（四）目标肌群：肱三头肌

动作：肱三头肌拉伸（见图 5-9）。

设计原理：因为肱三头肌在近固定向心收缩时有使小臂在肘关节处伸的功能，所以设计与之相反的动作，使小臂在肘关节处屈的动作即可拉伸到肱三头肌。

要求：

（1）站立于地面，左侧手臂向后上方抬起，屈肘放置于头后，右侧手臂举起抓住左侧手臂的肘关节。

（2）匀速向右侧拉伸，感受肱三头肌被拉伸，直至有明显拉伸感，保持 10～15 秒。可换另一只手重复此动作。

注意：拉伸时脊柱要保持自然生理弯曲。身体不可过分前倾，以防受伤。

图 5-9　肱三头肌拉伸示范图

四、背部伸展训练动作与技术

（一）目标肌群：背阔肌

动作：背部拉伸（见图 5-10）。

设计原理：因为背阔肌在近固定向心收缩时有使大臂在肩关节伸的

功能，所以设计个功能与之相反的动作，使大臂在肩关节处伸即可拉伸到背阔肌。

要求：找一个横杆，中握横杆，拇指朝前，弓背前伸手臂，上臂与头平齐。用力弓背，同时收下颌至胸前，使背阔肌充分拉伸。保持10～15秒。

图 5-10　背部拉伸示范图

（二）目标肌群：背阔肌

动作：背部拉伸（见图5-11）。

设计原理：因为背阔肌在近固定向心收缩时有使大臂在肩关节伸的功能，所以设计个功能与之相反的动作，使大臂在肩关节处伸即可拉伸到背阔肌。

图 5-11　背部拉伸示范图

要求：身体自然站立，挺胸沉肩，左侧手臂放于体侧，右侧手臂水平内收至身体左侧扶于墙面，身体向右侧作位移，充分拉伸右侧背阔肌，同理做反方向，拉伸左侧背阔肌。一侧保持 10～15 秒。

（三）目标肌群：背阔肌

动作：背部拉伸（见图 5-12）。

设计原理：因为背阔肌在近固定向心收缩时有使大臂在肩关节伸的功能，所以设计个功能与之相反的动作，使大臂在肩关节处伸即可拉伸到背阔肌。

要求：身体自然站立，挺胸沉肩，双臂侧平举，以髋关节为轴，身体向两侧分别做体侧，充分拉伸背阔肌。一侧保持 10～15 秒。

图 5-12 背部拉伸示范图

五、腹部伸展训练动作与技术

（一）目标肌群：腹部肌肉群

动作：腹部伸展（见图 5-13）。

设计原理：应为腹部肌肉群在下固定向心收缩时有使脊柱屈的功

能，所以做一个相反的动作，使脊柱伸就可以拉伸到腹部肌肉群。

要求：

（1）双脚分开站立在地板上，略宽于肩，双手相扣，举于头顶。

（2）想象伸懒腰的动作，并使上身逐渐向后倒，感受腹部肌群的拉伸感，直到你感到轻微不适时停止，保持5～10秒。

（3）完成后放松身体，可重复拉伸几次。

注意：

（1）向后倒时注意控制身体，不要倒下，如不能自己控制住，可找同伴在后支撑。

（2）拉伸时注意呼吸平稳。

图5-13　腹部伸展示范图

（二）目标肌群：腹部肌肉群

动作：瑜伽垫腹部拉伸（见图5-14）。

设计原理：因为腹部肌肉群在下固定向心收缩时有使脊柱屈的功能，所以做一个相反的动作，使脊柱伸就可以拉伸到腹部肌肉群。

要求：

（1）俯卧于瑜伽垫，屈臂俯卧，腿部自然伸直。

（2）缓慢伸直手臂，拉伸5～10秒，髋关节以下紧贴地面，腹直肌有轻微刺痛感时停止动作；放松肌肉5～10秒。

（3）保持身体不动，腿部顶压器械，以产生抗阻力，保持动作5～10秒。放松5～10秒，再次伸直手臂（或手臂靠近腹部），直至有轻微刺痛感，进一步拉伸，直至达到新的终止点。

（4）重复2～3次。

注意：拉伸时注意呼吸平稳。

图5-14　瑜伽垫腹部拉伸示范图

六、腿部伸展训练动作与技术

（一）目标肌群：股四头肌

动作：股四头肌拉伸（见图5-15）。

动作原理：大腿在膝关节和髋关节处做了一个屈和伸的动作，因为股四头肌在远固定向心收缩时，有使大腿在膝关节和髋关节处做了一个屈和伸的功能，肌肉功能与运动部位相吻合，所以设计的这个动作可以拉伸到股四头肌。

要求：

（1）找一固定物体单手扶住或支撑，支撑腿自然伸直，拉伸腿向后勾起小腿。

（2）用手抓住拉伸腿的脚背，使大腿自然垂直向下，脚后跟尽量向臀部靠拢。

（3）拉伸幅度逐渐增加至自身可承受范围，一般拉伸三个幅度即可。

图 5-15　股四头肌拉伸示范图

（二）目标肌群：股二头肌肌

动作：股二头肌拉伸（见图 5-16）。

设计原理：在小腿伸直骨盆做了一个后倾的动作，因为股二头肌在远固定向心收缩时，在小腿伸直时有使骨盆后倾的功能，肌肉功能与运动部位相吻合，所以设计的这个动作可以拉伸到股二头肌。

图 5-16　股二头肌拉伸示范图

要求:

（1）仰卧于瑜伽垫上，一侧腿伸直，另一侧腿向上抬起，膝盖不要过度弯曲。

（2）双手握住抬起腿部，向自身方向牵拉，逐渐增大拉伸幅度，一般拉伸三个幅度即可。

（三）目标肌群：股二头肌肌

动作：股二头肌辅助拉伸（见图5-17）。

设计原理：在小腿伸直骨盆做了一个后倾的动作，因为股二头肌在远固定向心收缩时，在小腿伸直时有使骨盆后倾的功能，肌肉功能与运动部位相吻合，所以设计的这个动作可以拉伸到股二头肌。

要求:

（1）找一同伴，一人仰卧于瑜伽垫上，另一人将同伴一条腿抬起，置于肩部。

（2）双手抱住同伴膝盖，防止在拉伸过程中膝盖过度弯曲。

（3）缓慢将同伴腿向前牵拉，直至同伴有明显牵拉感，随即固定动作10～15秒。

（4）另一侧腿循环以上步骤。

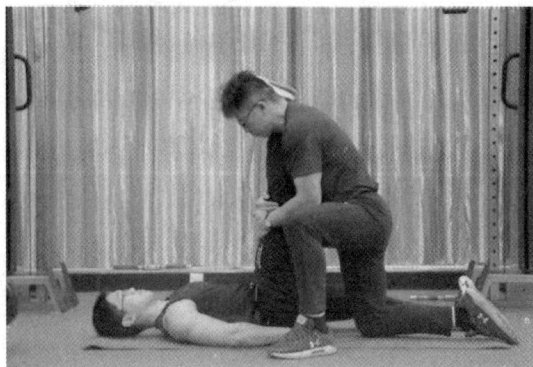

图5-17　股二头肌辅助拉伸示范图

（四）目标肌群：小腿肌肉群

动作：小腿肌肉群拉伸（见图5-18）。

设计原理：足在踝关节处做了一个屈的动作，因为腓肠肌在近固定向心收缩时，有使足在踝关节处屈的功能，肌肉功能与运动部位相吻合，所以设计的这个动作可以拉伸到小腿三头肌。

要求：

（1）找一固定稳定垂直物体，将前脚掌踩在固定物体上，脚后跟自然落在地面。

（2）身体保持自然直立，拉伸腿伸直，将重心逐渐向前移动。

（3）直至小腿后侧有明显拉伸感，一般拉伸三个幅度即可。

图5-18　小腿肌肉群拉伸示范图

第六章
体重控制

第一节　减　肥

一、肥胖的定义

从医学角度看，肥胖是指身体脂肪的过度增多，并对健康造成了严重的危害。因此可以认为肥胖是一种疾病，而不仅仅是一种症状。正常人体有大约300亿到350亿个脂肪细胞，当脂肪细胞的数量和体积增多后就形成了肥胖。

二、肥胖的原因

肥胖分为单纯性肥胖和继发性肥胖，因为继发性肥胖是因药物或疾病导致的，所以在本章节不予讨论。虽然肥胖基本上都是由于体内能量代谢不平衡，能量摄入大于能量消耗导致体内脂肪积蓄过多造成的，但是与遗传（即个人生理代谢特点）、生活方式（活动量、饮食结构）、环境、心理、文化等多种因素有关。即肥胖是一种多因素引起的复杂疾病，不能太过片面地评估。

（一）遗传因素

研究表明，单纯性肥胖具有遗传倾向，肥胖者的基因可能存在多种变化或缺陷。基因筛选的研究发现，肥胖相关基因位于2、12、11、20号染色体上，由于一个相对庞大的基因组控制，目前尚未能够在患者中发现共有的导致肥胖的基因。

在对家庭进行调查中发现，肥胖具有一定的家族聚集性。如双亲均为肥胖者，子女中有70%~80%的人表现为肥胖。双亲之一（特别是母亲）为肥胖者，子女中有40%的人较胖。双亲都瘦的其子女仅10%的人为肥胖。人群的种族、性别和年龄的差异会导致肥胖分易感性不同。研究表明，遗传因素对肥胖形成的作用约占20%~40%。

遗传因素可以表现在很多方面，如体内的缺乏分解脂肪的酶，使脂肪合成占优势；有的人小肠较长，使食物消化吸收更充分，摄入能量更多，这些人虽然食量不大但是易发胖；遗传还影响人的性格等主观因素。

肥胖虽然跟遗传有很大的关系，但是变异进程非常缓慢，现在肥胖发生率猛增，主要由人们的生活方式和环境导致的。

（二）生活因素

不良的饮食习惯会导致肥胖。如不吃早餐导致午餐、晚餐进食量增加，摄入的超过日总能量消耗；三餐食物能量分配及间隔时间不合理，晚上吃得过多而运动较少，夜生活（泛指人们从黄昏到凌晨时段盛行的吃喝、社交等休闲娱乐活动）的出现和加重了这样的现象；摄入快餐食品、油炸膨化食品。快餐食品、油炸膨化食品一般含有很多的脂肪，属于高能量且营养素构成单一的食品，经常食用易致肥胖，并有可能引起某些营养素缺乏而导致的疾病；进食速度也可能导致肥胖，进食速度过快，使大脑来不及处理传入摄食中枢的信号而不能做出相应调节，饱腹感未出现就已经摄入过量的食物。此外，经常性的暴饮暴食、夜间加餐、吃零食等不良进食习惯，也是导致肥胖的重要原因。

除饮食习惯外，运动量过少也是导致肥胖的主要因素。现代交通工具日趋完善，职业性体力劳动和家务劳动量减轻，人们处于静态生活的时间增加。大多数肥胖者不爱劳动，坐着看电视、上网是许多人在业余时间的主要休闲消遣方式，成为发生肥胖的主要原因之一；另外某些人因为伤残或疾病无法进行身体活动也会导致肌肉逐渐萎缩，脂肪堆积。

因此，我们要保持合理的饮食习惯，平衡膳食，控制过多能量的摄入，防止多余能量的堆积，还要经常参加体力活动。经常参加体力活动或运动，不仅可以增加能量的消耗，而且可以增加身体的代谢率，有利于维持机体的能量平衡，增强心血管、呼吸系统和免疫系统的功能。

（三）环境因素

经济发展和现代化生活方式对进食模式有很大影响：在中国，随着家庭成员减少、收入增加和购买力提高，食品生产、加工、运输及储藏技术有所改善，可选择的食物品种更丰富。家庭收入增加，在外就餐和购买成品食物、快餐食品的情况增多，其中不少食品的脂肪含量过高。特别是有些人经常参加"宴会"和"聚餐"，常常过量进食；有的人遇到不顺心的事，常以进食消愁等。政策、新闻媒体、文化传统以及科教宣传等，对人们的膳食选择和体力活动都会产生很大影响。如电视广告对人们饮食模式的影响很大：广告主要宣传高脂肪、高能量和高盐的方便食品或快餐食品，会造成对饮食行为的误导。

（四）心理因素

人的精神和心理情绪对食欲与消化吸收机能都有影响。如心情好的时候食欲旺盛，消化吸收好，容易导致摄入过多能量导致肥胖。此外，还有的人在心情不好的时候，选择暴饮暴食来发泄，这样也易导致肥胖。

（五）其他因素

1. 性别

雌激素有促进脂肪合成的作用，故女性较男性脂肪多，特别是产妇和长期服用雌激素避孕药的妇女更易发胖。此外，女性脂肪细胞较男性多，活动量一般较少，也是引起肥胖的主要原因。

2. 年龄

肥胖的发生率随着年龄的增长而增长，这与年龄增长代谢率降低有关，也与随年龄增长活动量减少，能量消耗减少，以及性腺功能减退有关。

三、肥胖的分类

（一）单纯性肥胖

单纯性肥胖是指无明显内分泌失调、代谢疾病导致的肥胖。按发病年龄及脂肪组织病理又分为两型。

（1）体质性肥胖：特点是有肥胖家族史，自幼肥胖，限制饮食疗效差，缺乏锻炼。

（2）获得性肥胖：特点是中年妇女由于内分泌变化导致的肥胖。

单纯性肥胖的人，因为体内热量收支不平衡，多余的能量转化为脂肪并储存在皮下和内脏的周围。女性多沉积在胸部、腹部、臀部、大腿部。男性多沉积在腹部、臀部、大腿部。

（二）继发性肥胖

由于内分泌代谢功能紊乱等疾病引起的肥胖，称之为继发性肥胖。继发性肥胖是一种肥胖病，患者要及时请医生进行检查治疗。

四、肥胖的危害

肥胖不仅使人行动不便、影响美观，而且会引起人体生理、生化及病理等一系列变化，使人的工作能力降低，容易发生多种慢性疾病，甚至影响人的寿命。而且中心型肥胖比全身性肥胖具有更高的疾病和死亡威胁，即脂肪分布是比肥胖本身对死亡率和相关疾病罹患率更重要的危险因素。

（一）心血管类疾病

高血压、高血脂、冠心病、动脉粥样硬化、脑卒中肥胖者的脂肪超标，身体代谢不掉，大量脂肪酸进入血液，形成高血脂。血脂升高损伤血管壁，血管壁进行修复，就会导致血管变窄，而这些脂类垃圾一直漂浮在血管当中，造成血液黏稠，血流速度下降，而管腔变窄，流速变慢，脂类沉积，血管弹性下降，引起动脉粥样硬化。由于血管垃圾沉积，管腔变窄，血液流速慢，影响全身各个器官的供血供氧，所以，心脏要把血液输送到各个器官，就必须升高血压才能满足身体的需要，于是导致高血压。而这些脂类垃圾不断地破坏血管壁，使得血管壁的弹性下降，舒张和收缩无力，所以，血压也会升高。心脏是负责将血液送达庞大身体的各个角落，越是肥胖的人耗氧量也越大，因此心脏必须以较高的压力来送出血液，使血压增高，形成高血压。研究还发现高血压与内脏脂肪的蓄积也有关，肥胖者会由于"胰岛素抵抗性"而使胰岛素分泌过剩，因此促进水分的吸收，结果导致增加血管中的血液量，出现高血压。高血压形成原因多种多样，肥胖者很可能患高血压，高血压患者却不一定肥胖。高血压、高血脂容易诱发冠心病，心血管脆弱，脂类垃圾的沉积易形成血栓，脑卒中（中风）风险增高。

（二）高血糖与 2 型糖尿病

肥胖者由于脂肪细胞堆积产生胰岛素抵抗，也就是相对性胰岛素分泌不足，会发生高胰岛素血症，而胰岛素的效应减低，产生高血糖。

血循环中 FFA（游离脂肪酸）通过底物竞争机制增加肝糖的输出，并且妨碍周围组织对葡萄糖的清除，最终可能导致胰岛素抵抗。对于存在胰岛素抵抗、糖耐量正常的肥胖者，由于他们的 B 细胞能够代偿，故仍能保持糖耐量的正常。这些代偿机制就是高胰岛素血症和餐后高血糖，同时肝糖原产生增加，当胰岛 B 细胞功能不能代偿胰岛素抵抗时，即出现血糖升高，最终发展为 2 型糖尿病。肥胖者的胰岛素受体减少、对胰岛素的敏感性减弱。所以，肥胖是诱发 2 型糖尿病的最重要的因素之一，中度肥胖者糖尿病发病率比正常体重者高 4 倍，而极度肥胖者则要高 30 倍，且腹部肥胖较臀部肥胖者发生糖尿病的危险性更大。

（三）脂肪肝

脂肪肝，是指由于各种原因引起的肝细胞内脂肪堆积过多的病变。脂肪性肝病正严重威胁国人的健康，成为仅次于病毒性肝炎的第二大肝病。脂肪肝是一种常见的临床现象，而非一种独立的疾病。其临床表现，轻者无症状，重者病情凶猛。一般而言，脂肪肝属可逆性疾病，早期诊断并及时治疗常可恢复正常。脂肪肝的成因目前有以下几种：

（1）肥胖性脂肪肝，是指由于机体能量严重过剩，肝脏内甘油三酯的合成远远大于分解，从而引起部脂肪在肝细胞内沉积的病变。肝内脂肪堆积的程度与体重成正比。中度肥胖症患者脂肪肝病变率达 30%～50%，重度肥胖者脂肪肝病变率高达 61%～94%。肥胖人体重得到控制后，其脂肪浸润亦减少或消失。

（2）酒精性脂肪肝，长期过度饮酒或短时间内大量饮酒所致的肝脏脂质过度蓄积的疾病。长期嗜酒者肝穿刺活检，75%～95% 有脂肪浸润。还有人观察，每天饮酒超过 80～160 克，则酒精性脂肪肝的发生率增长5～25倍。

（3）快速减肥性脂肪肝，禁食、过分节食或其他快速减轻体重的措施可引起脂肪分解短期内大量增加，消耗肝内谷胱甘肽（GSH），使肝内丙二醛和脂质过氧化物大量增加，损伤肝细胞，导致脂肪肝。

（4）营养不良性脂肪肝，营养不良导致蛋白质缺乏是引起脂肪肝的重要原因，多见于摄食不足或消化障碍，不能合成载脂蛋白，以致甘油三酯积存肝内，形成脂肪肝。

（5）糖尿病脂肪肝，糖尿病所引起的胰岛素功能障碍，特别是胰岛素/胰岛高血糖比值的降低会造成肝脏的病变，糖尿病患者常出现肝肿大及轻度肝功能异常等。糖尿病患者中约50%可发生脂肪肝，其中以成年病人为多。因为成年后患糖尿病人有50%～80%是肥胖者，其血浆胰岛素水平与血浆脂肪酸增高，脂肪肝变既与肥胖程度有关，又与进食脂肪或糖过多有关。

（6）药物性脂肪肝，某些药物或化学毒物通过抑制蛋白质的合成而致脂肪肝，如四环素、嘌呤霉素、环己胺、吐根碱以及砷、铅、银、汞等。降脂药也可通过干扰脂蛋白的代谢而形成脂肪肝。

（7）妊娠脂肪肝，是发生在妊娠晚期的一种以肝细胞脂肪浸润，肝功能衰竭和肝性脑病为特征的疾病。多在第一胎妊娠34～40周时发病，病情严重，愈后不佳，母婴死亡率分别达80%与70%。

（8）其他疾病引起的脂肪肝，结核、细菌性肺炎及败血症等感染时也可发生脂肪肝；病毒性肝炎病人若过分限制活动，加上摄入高糖、高热量饮食，肝细胞脂肪易堆积；接受皮质激素治疗后，脂肪肝更容易发生。还有所谓胃肠外高营养性脂肪肝、中毒性脂肪肝、遗传性疾病引起的脂肪肝等，脂肪肝的形成原因多种多样，但最为常见的脂肪肝为肥胖性脂肪肝和酒精性脂肪肝患者，在对其健身指导的时候应该以减脂为首要目标。

（四）其他

中度以上的肥胖患者由于体重过大，腰、膝关节压力增大，易患上关节疾病，重度肥胖患者还可能会出现压迫性呼吸不畅，打鼾甚至呼吸暂停，猝死等。肥胖不仅会给身体上带来很大的患病风险，而且还影响形象，造成心理问题。大部分肥胖者对自己的身材感到很不满意，常常自卑，不愿参加社交活动，严重的会导致自闭症等心理问题。在对肥胖患者进行健身指导时，切忌注意保护客户的心理感受，不能伤及自尊。

五、减肥过程中应注意的问题

目前常用的减体脂方法是限制饮食、有氧运动及使用一些药物。减肥的关键在于运动，合理的有氧运动不仅可增加能量消耗，还可以增进心肺系统健康，减少肥胖并发症。减重后保持适当的运动习惯，体重不易反弹，但见效慢，需同时控制饮食才有良好效果；使用药物减体脂省力，见效快，但副作用大，且停药后体重易反弹。

（1）降体重的人在控制饮食时适当减少饮食能量的摄入，但不是单纯的节食，而应将调整饮食结构、注意饮食方式和适当控制食量结合起来进行。

（2）如果单纯采用控制饮食并大量限制膳食热量，尤其食用低热能膳食，体重减轻较快，但减轻的成分主要是水分和瘦体重（包括糖原和蛋白质等），因此，很难坚持，减体重效果不能持久，甚至会有一系列副作用。

（3）在少量限制膳食热量的同时，采用运动措施，综合减轻体重才是合理减体重的科学方法。

（4）减体重的运动负荷常根据要减轻的体重数量及速度决定。根据采用减少膳食热量的措施，很多学者提出，每周减体重 0.4～0.5 千克较合理；每周减体脂 1 千克，在医学上是可以接受的，但不宜超过。每周减 1 千克体脂即相当于亏空 2 094～4 180 千焦/天，每周累计的热量短缺量为 14 630～29 260 千焦。具体措施可在一周内进行 3～5 次运动，每次运动至少 20～40 分钟，如果想见效快，每次运动时间可控制在30～ 60 分钟，有氧运动强度可采用最大心率的 60%～70%（或最大摄氧量的50%～70%），此种运动量被认为是刺激体脂消耗的"阈值"，即每周运动的热量消耗至少达到 3 762 千焦。

六、减肥的方法

目前，世界各国减肥的方法很多，主要有饮食减肥法，运动减肥法，药物减肥法，气功、针灸或者按摩减肥法，手术减肥法，本章主要介绍饮食控制和运动减肥方法。

（一）饮食控制

饮食控制不等于节食，不能让减肥者饿肚子。饮食控制是所有减肥的基础，其基本原理是：限制膳食热量，调整膳食结构与改变饮食习惯，以达到能量摄入不超过能量消耗，从而不会有多余能量转化为脂肪堆积。很多爱美的女性采取节食来减肥，一天吃一顿或者一天只喝酸奶加一个苹果，以及其他的极端方式，这是非常不可取的。节食能让自己快速瘦下来，但是对身体伤害极其严重，而且反弹更快。长期节食会严重影响身体代谢，长期让身体处于饥饿状态，会让机体认为处于饥荒状况，为了延续生命，机体会自动降低基础代谢，这样会导致人体很多功能衰弱，成为一吃就胖的易胖体质；长期的节食还会导致严重的营养不良，内分泌紊乱、月经不调，甚至诱发其他疾病。此外，长期的过度节食会导致肠胃功能的退化，肠胃蠕动显著减弱，导致进食很少却有很强的饱腹感。这些都是过度节食的副作用，必须树立正确的饮食观念和习惯。

1. 限制膳食热量

减少热量的摄入，迫使身体消耗体能脂肪。一般低能量膳食：女性摄入 1 000～1 200 千卡，或比原来的能量摄入减少 300～500 千卡，减重速度以每周 0.5～1 千克为宜。减重过快不仅影响正常生理机能，有损健康，还可能导致皮肤非常松弛。

在控制膳食期间，应该注意营养素的搭配，平衡膳食，避免维生素、矿物质以及其他身体必需营养素摄入不足。每天摄入能量男性不少于 1 500 千卡，女性不少于 100 千卡为宜。

如果有需要更低的能量膳食方案，应该在医务监督下进行。

2. 调整膳食结构

基本原则是在低能量膳食的基础上，摄入低脂肪、适量优质蛋白和含杂糖类（如谷物类）和较高比重的新鲜蔬菜及水果的膳食。即在满足人体所需的各种营养素的需要并使之平衡的基础上，减少总热量的摄入，迫使身体氧化分解脂肪。

减肥的膳食结构中，蛋白质、脂肪和糖类占的总热量的百分比分别为：15%～20%、20%～25%、60%～65%。减少能量摄入主要以减少脂肪为主。血脂异常者应该限制富含饱和脂肪酸和胆固醇的食物（如肥肉、内脏、蛋黄）。摄入适量优质蛋白质（如瘦肉、鱼、蛋白和豆类），在能量负平衡时非常重要，它可提高机体免疫力；减少人体肌肉等组织中的蛋白质被作为能量；与谷类等植物蛋白质的氨基酸起互补作用，提高植物蛋白质的营养价值；还可通过异生转变为糖，以维持血糖、控制食欲、弥补糖类不足。

不吃或少吃谷类主食的观点和做法是错误的。谷类中的淀粉是复杂的糖类，可防止进餐后血糖骤升，对维持血糖水平有好处。谷类食物还富含膳食纤维，对降血脂、预防癌症有一定好处。减少总能量摄入时，也要相应减少谷类主食量，但不减少其在食物总量中的比例。

蔬菜、水果的体积大而能量密度较低，又富含人体必需的维生素和矿物质，以蔬菜和水果替代部分其他食物，能增加饱腹感而不致摄入过多能量。

3. 改变饮食习惯

进餐有规律，可固定三餐也可少食多餐，根据自己的实际情况和个人喜好而定，但是不管是三餐制还是少食多餐制，每日摄入的能量总量不应超过每日消耗能量的总量。

进食时应放慢进食速度、细嚼慢咽，让神经有充分的时间做出反应，防止进食过量；进食时，应比较专注，在高度关注其他事物（如看电视、电影以及认真思考时）时不应进食，以免进食过量；烹饪方法尽量采用水煮、清蒸、凉拌为宜。

饮食控制是所有减肥法的基础，但如果只控制饮食，而不结合增加体力活动以加大身体能量消耗，那么是不易达到满意的减肥效果的。

4. 低脂肪、低热量饮食策略

每周吃红肉不要超过3次，而且每次所占比例要少；白肉（即家禽类，鱼类等）需要去掉所有可见脂肪，去掉皮；尽量用清蒸、水煮、凉拌等方式代替油炸、油煎等高油的烹饪方式，烹饪方式由推荐到不推荐依次是清蒸>无油凉拌>水煮>烘烤>清炒>油煎>油炸；尽可能多食用不饱和脂肪酸，少用饱和脂肪酸，不食用反式脂肪酸制品；禁止吃零食，不吃或少吃油炸、高甜度食品或奶油、巧克力等高能量食品，少喝或者不喝有色饮料以及无色汽水，不饮酒；只有饿了才能进食，一定要分清楚是真饿了还是嘴馋；在餐前可以先吃一些水果，把餐具换小一点，细嚼慢咽，多吃叶类蔬菜，用餐时应该专心进食，不看电视或者玩手机，避免摄食过量。

（二）运动减肥

通过运动增加机体能量的消耗是造成热能负平衡的另一种手段。通过实践证明，目前国际公认的最安全可靠、反弹最小的减肥方法就是运动减肥与饮食控制相结合的方法。

除了增加能量消耗外，运动还能调节神经，作用于神经内分泌系统，促进脂肪的分解，减少脂肪的合成。在运动时，肾上腺激素分泌增加，脂解激酶释放增加，能加强甘油三脂的水解过程；运动还能使胰岛素分泌减少，抑制脂肪的合成，促进体脂分解；同时还能促进血液游离脂肪酸、葡萄糖的利用，一方面使脂肪细胞释放大量的游离脂肪酸，细胞缩小；另一方面，消耗多余的葡萄糖，使之不转为脂肪，减少脂肪的聚积。但不是所有的运动都能很好地减肥，也不是科学运动了，减肥效果就一定很好，因遗传因素导致肥胖的减肥会非常困难，符合以下条件后成效才明显。

1. 有氧运动

提倡动力型的有氧运动，并有大肌肉群参与的中、低强度运动。中等强度相当于运动中心率达 100～120 次/分钟；低强度相当于心率为 80～100 次/分钟。中等强度运动消耗能量，男、女每分钟分别为 4.8～7.0 千卡和 3.3～5.1 千卡，低强度消耗能量每分钟分别是 1.9～4.6 千卡和1.4～3.2千卡。

2. 持续较长时间

与一般健身运动相比，减肥运动的时间应延长些；可由小运动量开始，每日安排 30 分钟，待适应后再逐步增加至应达到的目标。每天 30～60分钟甚至更长时间的活动，不要求一定连续，可将多次活动的时间累加，但每次活动时间不少于 10 分钟。

3. 经常运动或活动

经常运动或活动，使神经、内分泌系统及酶的活性等生理、生化过程发生一系列适应性变化，使骨骼肌氧化脂肪酸和酮体的能力增强，有利消耗体脂。"没时间"常成为人们不参加运动的理由，并把增加活动看成是一种"负担"。应该转变观念，把运动或活动作为提高身体素质、保证健康的必要条件。创造更多的活动机会，并把增加活动的意识融入日常生活中；适当改变日常生活习惯，尽量选择较多活动以替代较省力的条件。例如，在城市，鼓励人们在 1 千米距离内用步行替代坐车；短途出行骑自行车；提前一站下车而后步行到目的地；步行上下 5 层以内的楼梯以替代乘电梯；等等。

4. 注意事项

（1）每天安排运动：运动的量和时间应按减肥目标计算，对于需要削减的能量，一般采取增加运动和控制饮食相结合的方法，其中50%由运动减肥法解决、其余 50%采用饮食减肥法。

（2）运动量的安排：应根据减肥者的体能、年龄和兴趣等进行，以某一项运动为主，再配合其他运动。

（3）增加运动量和提高强度应循序渐进：尤其是有心、肺疾病或近亲中有严重心血管病史者。剧烈活动前充分的热身和伸展运动，逐渐增加肌肉收缩、放松速度，能改善心肌供氧、增加心脏的适应性；运动后的放松活动，使体温渐渐回落，逐渐降低肌张力，可防止急、慢性肌肉关节损伤。避免负荷过量，过量负荷会使免疫功能降低。

（4）出现以下症状，应立即停止运动：①心跳异常，如心率比平时运动时明显加快、心律不齐、心悸、心慌、心率快而后突然减慢等；②运动中、运动后即刻出现胸痛、上臂或咽喉部疼痛或沉重感；③特别眩晕或轻度头痛、意识紊乱、出冷汗或晕厥；④严重气短；⑤身体任何一部分突然疼痛或麻木；⑥暂时性失明或失语。

第二节　增　重

增重一般是身体过瘦，体重过轻需要增加体重，其中包括增加体脂率和瘦体重，让体脂含量恢复正常水平，也有健身爱好者或者专业健美运动员以单纯增肌为目的。

一、身体过瘦的原因

根据过瘦的原因，通常分为单纯性过瘦和继发性消瘦两类。单纯性消瘦又包括体质性消瘦和外源性消瘦。体质性消瘦具有遗传性，在本章节不做讨论。

（一）外源性消瘦

外源性消瘦通常受饮食、生活习惯和心理等各方面因素的影响。食物摄入量不足、偏食、厌食、漏餐、生活不规律和缺乏锻炼等饮食生活习惯以及工作压力大，精神紧张和过度疲劳等因素都是导致外源性消瘦的原因。

（1）饮食失调：在某些情况下，个人的饮食方式不当将会对健康产生不利影响。这种情况如果不得到纠正，将可能使健康水平严重下降，甚至造成死亡。在临床上称为进食障碍，包括神经性厌食、偏食。食物摄入量不足的饮食失调等。饮食失调是指亚健康，常常是进食障碍的先兆。

关于饮食失调和进食障碍，并没有单一的机制可以解释其发病原因。一般认为，遗传和生物化学的、心理学的以及社会文化方面的因素都有可能引起这种疾患的发生。据调查，在经济状况较好的青年女性和某些强调体型的优秀女运动员当中，这种疾患的发生率较高。目前有假设认为，追求苗条的社会压力的发展引发了年轻女性的不健康饮食方式；而关于女子运动员为获得成功的压力，加上某些项目对体重的特殊要求，综合起来形成了饮食失调的原因。

（2）缺乏锻炼：随着社会的进步、科技的发展，生产方式的变革，身体直接参与的劳动越来越少，又没有专门的体育活动，所以身体的肌肉就得不到刺激和锻炼，导致肌肉不发达甚至萎缩。瘦体重又是身体的主要成分，如果瘦体重过轻那么体重也不会太重。

（3）不规律的生活方式：不规律的饮食、作息时间对身体伤害很大。根据一些资料表明，很多人的睡眠远远不足 6 小时，身体一直处于透支状态。睡眠是人体体力恢复的重要措施，也是促进肌肉生长的"生长激素"的分泌异常活跃期。没有睡眠保证，身体很难得到体力恢复。

（二）继发性消瘦

由各类疾病所引起的消瘦我们称之为继发性消瘦。肠道疾病如肠胃炎、胃下垂、胃十二指肠溃疡，代谢性疾病如甲亢、糖尿病，慢性消耗性疾病如肺结核、肝病等，都有可能引起消瘦。另外，胆囊切除手术等腹腔手术后也可能导致消瘦。

二、过瘦对健康的影响

过瘦与肥胖一样，都是亚健康的一种。人体内的肌肉、脂肪含量过低，体重指数 BMI 小于 18.5 即为消瘦。消瘦者不仅容易疲倦、体力差，而且抵抗力、免疫力差、耐寒抗病能力弱，易患多种疾病。

（1）消瘦的儿童少年则有营养不良和智力发育问题。

（2）消瘦的青年人常伴有肠胃疾病。

（3）消瘦的中老年人易患骨质疏松。

（4）消瘦的女性易出现月经紊乱、闭经及骨质疏松。

（5）消瘦的人群容易出现便秘现象。由于食物及液体摄入量过少，使肠道缺少应有的正常刺激造成便秘。

三、增重的方法

目前增重的方法主要有：饮食增重法、药物增重法、运动增重法。以下主要介绍饮食增重法和运动增重法。

（一）饮食增重法

饮食不规律导致一部分人体重偏轻，体型偏瘦，所以偏瘦的人为了增加自己的体重而努力。对于体重偏轻的人来说，需要通过调整饮食结构和运动锻炼来增加肌肉体重，而不要造成脂肪的堆积。另外，当一个人的体重在短时间内连续下降或增加体重十分困难时，建议到医院进行医学检查来排除潜在疾病的可能。

1. 增加热量

根据体重控制的原则，增加体重，首先要保持每天摄入的能量大于消耗的能量。只有当每天摄入的能量大于消耗的能量时，多余的热量才能用于肌肉生长。

2. 调整膳食组成

人体需要的营养素主要是蛋白质、碳水化合物、脂肪，这3种营养素也是人体热量的主要来源，它们通过正常代谢后都会产生不同的热量，但不能相互代替，否则对人体健康不利：如脂肪摄入过多，则可能会引起肥胖症、心脑血管疾病、高血脂、高血糖、脂肪肝等疾病；蛋白质摄入过多，则会增加肾脏的负担，过少则会影响生长发育、降低机体抵抗力等。所以它们的摄取必须有一个合理的比例：人体摄入热量的55%～65%应来自碳水化合物，15%～20%来自蛋白质，其他来自脂肪。

3. 调整进餐频率

少食多餐的进餐方式有助于改善血糖和胰岛素的调节张力,改善体内氮的滞留,提高机体的自我调控能力。每天以少量多次原则食 6 餐或 6 餐以上,比食 3 餐营养丰富的平衡膳食对增长体重更为有利。

(二)运动增重

系统的肌肉力量练习,能够促进骨骼肌蛋白质的合成,使肌肉重量增加,体积增大。

1. 抗阻训练

体态的丰满,不应该是脂肪的堆积,而应该是匀称强健的肌肉组织。因此对体型偏瘦的人来说,长期进行抗阻训练来发展肌肉效果最好,瘦体者参加抗阻训练,就应该多进行哑铃、杠铃、拉力器、组合器械等练习,选择合适的运动量和运动强度,采用正确的动作技术。另外,抗阻训练还可以改善神经系统的调节功能,改善组织和细胞的营养状态,促进机体各部位组织的生长发育。经过长期的器械锻炼,可使内脏器官功能增强,肌肉发达,体重增加。原来皮肤松弛、肌肉萎缩、身体干瘦的人体会逐渐变得健壮丰满起来。

2. 心肺耐力训练

有氧运动能够使人新陈代谢旺盛,能对消化系统起到一种良好的按摩作用,可促使消化液的分泌和胃肠的蠕动,使更多的营养物质被吸收并输送到身体各部位。通过肌肉的收缩与舒张,血液循环加强,血液通过肌肉的流量会增多,肌肉获得的氧及养料也增加,肌纤维就会在锻炼中逐渐长得粗壮起来。适当的心肺耐力训练对抗阻训练有非常大的促进作用,对瘦体重增加非常必要。但也要注意,持续时间不要过长,一般控制在 20 分钟以内较为合适。

3. 注意事项

(1)在锻炼期间,还要注意科学合理饮食,使机体获得充足的养料,以促进机体的生长发育。还要养成良好的生活规律,情绪要稳定,睡眠要充足，这对吸收营养、减少能量消耗、提高锻炼效果很重要。

（2）一般情况下，刚刚开始锻炼时，不仅体重不会马上增加，有时还可能出现下降的现象。这是因为机体在运动过程中，体内脂肪和水分被消耗。继续坚持锻炼下去，机体各器官的机能逐渐得到提高，肌肉内部也会发生生理化学反应，肌肉就会结实粗壮起来，体重就会增加。只要有毅力，持之以恒，科学锻炼，科学饮食，劳逸结合，并注意循序渐进，体型就一定会变得丰满健美。

第七章
基本运动健身指导

第一节　身体素质锻炼健身指导

一、力量素质训练

（一）力量素质的内涵

1. 力量素质的概念

国际运动医学委员会将肌肉力量定义为：在特定的或确定的速度条件下，一块肌肉或一个肌群产生的最大力或转动力矩。从运动医学对肌肉力量的定义可以看出，由于科学技术发展的需要，科学研究中越来越注重于从实际操作的角度出发，对一些概念进行界定。力量是通过肌肉紧张，克服阻碍行动的机械力和生物机械力并对抗它们，从而保障行动效果的能力。

2. 力量素质的分类

按照力量素质与运动专项的关系，可分为一般力量与专项力量；按照力量素质与运动员体重的关系，可分为绝对力量和相对力量；按照完成不同体育活动所需力量素质的不同特点，可分为最大力量、快速力量和力量耐力。在本节中，主要对最大力量、快速力量和力量耐力的评定及训练方法予以论述。

（1）最大力量及其发展影响因素

最大力量指人体或某部分用最大力量克服阻力的能力，主要表现为肌肉收缩强度及神经兴奋强度较大。最大力量的增长是采用附加重量的方法，影响总负荷的因素有负荷重量、练习重复次数及组数、间歇时间等，即总负荷＝（负荷重量×次数）×组数。大负荷强度训练，对人体刺激强度大，最大力量提高快。投掷等运动成绩，很大程度上取决于运动员的最大力量。衡量最大力量，并不考虑体重因素。所以，投掷运动员一般表现为各部位肌肉横断面大、体重大，肌肉力量亦大。

（2）快速力量及其发展影响因素

快速力量指人体在做快速动作时用力的能力，是力量和速度综合素质的表现，典型的表现形式是爆发力，即在最短时间内发出最大力量，表现为肌肉收缩强度大，收缩与放松交替时间短。爆发力一般采用速度力量指标表示，可表示为：

$$I = F / t$$

式中：I——速度力量指数；

F——肌肉收缩的力量；

t——收缩所用的时间。

发展速度力量主要是提高肌肉用力能力和肌肉收缩速度。肌肉用力能力是速度力量的基础。从力量与速度变化关系分析，速度力量有三种表现形式：一是在不降低动作速度的情况下增加力量；二是在不减小力量的情况下提高动作速度；三是同时增加力量和加快速度。

（3）力量耐力及其发展影响因素

力量耐力指人体在克服一定外部阻力时，坚持尽可能长时间或重复尽可能多次数的能力。表现特征为克服外部阻力时，不仅肌肉收缩强度大，收缩与放松交替时间短，而且持续时间较长，或在整个动作和运动中连续重复出现。发展力量耐力，一般采用负荷重量较小、重复次数多的练习方法，应使肌肉长时间持续收缩到最大限度。次数超过需要时，应增加负荷重量。

（二）力量素质训练的基本方法和基本要求

1. 力量素质训练的基本方法

（1）等动力量素质训练方法

等动力量素质训练方法又称等速力量素质训练方法。此方法是指采用专门抗阻力量素质训练设备，使人体在关节活动范围内动作速度基本不变地进行阻力训练的方法。此方法最大特点是：人体接受外部负荷刺激所产生的生理反应强度在人体动作的变化过程中始终保持恒定，并使关节各个角度肌肉用力呈现出最大用力或恒定用力。

此方法优点是：肌肉最大用力可以始终贯穿于全部动作过程，肌肉张力时值总和可以显现最大值，肌肉所受到的刺激量最大；对于提高绝对力量（最大力量）的训练价值很高，负荷强度不必安排在最大重量强度上，也可以取得提高最大力量的训练效果；练习后，有关肌肉的酸疼感觉相对较轻；对有关部位的小肌群、弱肌群或其他方法不容易训练到的深层肌群都有直接训练的价值。此方法对于外阻力系数较大的项目，如游泳、潜水、划船、自行车等具有其他方法无法比拟的效果；对于骨骼肌拉伤后的恢复，具有明显的康复价值；与其他方法相比，在同等时间内可使最大力量的发展取得更好的训练效果。或者说，可在较短时间内，在最大力量发展方面可以取得与其他训练方法同等功效的训练效果。

此方法的缺点是对于爆发力、动作速度要求很高的运动项目（如田径的跳跃和排球的扣球起跳动作等），则不宜过多采用。原因是此方法的本质是在损失动作速度的情况下，通过始终进行最大用力过程来提高力量素质，这有碍于技术动作的速度提高。因此，爆发力要求很高的项目，应适当地控制采用此法。不过此法有助于科学提高跳跃项目中肌肉被迫退让收缩的力量。

（2）等张力量素质训练方法

此方法是指抗阻力训练时，肌肉以克制性工作方式呈现向心收缩时，肌肉长度发生缩短而张力保持不变的力量素质训练方法。运用此方法当肌肉收缩中所承受的负荷小于肌肉收缩力时，可使物体产生位移，因此可以做功。此方法最大特点是动作速度快、功率大（$W = FS/T$）。此方法优点是：可以利用刺激强度的不断累积，提高最大力量和爆发力；动作起始阶段的肌肉张力水平最大，对于提高动作速度和爆发力均具有直接的训练价值；便于运用多种练习手段，提高多关节运动的技能储备量。此方法缺点是：力量素质训练的肌张力最大值的时值较短，每次动作刺激总量较低，且不能使肌肉在连贯动作过程中各关节角度呈现出最大用力；不易训练小肌肉和弱肌群，如果动作不够规范容易出现伤害事故。

（3）等长力量素质训练方法

等长力量素质训练方法又称静力性力量素质训练方法。此方法是指人体采用相对静止的动作，利用肌肉收缩长度不变、张力变化的特点进行训练的练习方法。此方法最大特点是物理上表现的功为零，但生物体存在做功的功能。此方法优点是：动作简单易行，无须复杂的训练器材，对于提高静力性的最大力量效果明显；对于提高小肌群、弱肌群颇为有效；负荷强度与肌肉张力的增加呈正相关性，对于软组织损伤康复具有积极作用。此方法缺点是：对于各种速度力量、爆发力要求甚高的运动项目，不能作为主要训练方法；过多采用此法，易使肌肉失去弹性，形成爆发力的发展障碍，从而难以继续提高；易使肌肉横断面增加，并与毛细血管的发展出现失衡的状态，容易影响肌肉的代谢物质的交换。

（4）超长收缩力量素质训练方法

超长收缩力量素质训练方法又叫增强式力量素质训练法或称反射性力量素质训练方法。此方法是利用肌肉弹性、收缩性及牵张反射性，引起神经系统反射性地产生更强烈的兴奋冲动，从而募集更多的运动单位参加收缩，以产生更大的肌肉收缩力，进而达到提高爆发力的目的。跳深练习就是最典型的超长收缩力量素质训练的手段。此方法优点是：可以更强烈地刺激肌肉，使肌肉张力能产生更高的峰值；可以有效提高肌肉在被迫退让阶段收缩时的抗拉力水平；可以有效提高向心收缩时的肌肉收缩速度。显然，此方法对于提高爆发力水平的训练价值最大。实践中，各种跳跃练习就是此方法的练习手段。

2. 力量素质训练的基本要求

（1）注意不同肌群力量的对应发展

根据专项竞技的需要，在主要发展运动员大肌群和主要肌肉群力量的同时，也要十分重视小肌肉群、远端肌肉群、深部肌肉群的力量素质训练。

（2）选择有效的训练手段

应根据完成训练任务的需要，正确地选择有效的训练手段，规范并明确正确的动作要求。例如，发展股四头肌力量，可选择负重半蹲起的练习，应要求运动员在练习时双脚平行或稍内扣站立，以求有效地发展股四头肌的力量。

（3）处理好负荷与恢复的关系

①在一个训练阶段中，负荷安排应大中小结合，循序渐进地提高负荷量度。

②在小周期训练中，应使各种不同性质的力量素质训练交替进行。例如，每周星期一、三、五可安排发展爆发力或者最大力量为主的训练。

③在每组重复练习中，注意组间的休息。一般而言，训练水平低的运动员组间休息要长些。

④力量素质训练后，要特别注意使肌肉放松。肌肉在力量素质训练后会产生酸胀感，肌肉酸胀是肌纤维增粗现象的反映，也是力量增长的必然。但应积极采取措施消除肌肉的酸胀感，以利于减少能量消耗，并更好地保持肌肉弹性。

（4）注意激发练习的兴趣

肌肉工作力量的大小与中枢神经系统发射的神经冲动的强度有着密

切的关系。神经冲动的强度越大，肌纤维参与工作的数量越多，冲动越集中，运动单位工作的同步化程度也就越高，表现的力量也就越大。因此，在运动训练中应注意有意识地提高运动员练习的兴趣与积极性，以求提高力量素质训练的效果。爆发力训练对神经系统兴奋性要求更高。

二、速度素质训练

（一）速度素质的内涵

1. 速度素质的概念

速度素质是指人体或人体某部位快速运动的能力，也就是人体或人体某一部位快速作出运动反应、快速完成动作、快速移动的能力。不同国家的学者对速度素质有不同的认识，综合来看，速度素质包括三个方面：运动时人体对各种信号刺激的快速反应能力；快速完成动作的能力；快速通过一定距离的能力。

2. 速度素质的分类

（1）反应速度

反应速度是指人体对各种信号刺激（声、光等）快速应答的能力，即人体对各种刺激发生反应的快慢。例如，短跑从发令到起动的时间，球类运动员在瞬间变化情况下作出反应的快慢。而反应速度又可分为简单反应速度和复杂反应速度。用一种事先规定的动作对单一信号作出反应称之为简单反应，如短跑起跑反应。对运动中客体（如对方运动员）变化所作出选择反应的速度称为复杂反应速度，如球类运动员在比赛场上防守对方队员进攻的反应。

（2）动作速度

动作速度是指人体或人体某一部分快速完成某一个动作的能力。以人体或人体的一部分完成单个或成套动作时间的长短来表示。如排球运动员的扣球速度，投掷运动员掷出器械的速度，体操、武术运动员完成成套动作的速度等。动作速度也可用频率即单位时间内所完成的动作数量来衡量。动作速度是技术动作不可缺少的要素，表现为人体完成某一技术动作时的挥摆速度、击打速度、蹬伸速度和踢蹬速度等，此外，还包括在连续完成单个动作时在单位时间里重复次数的多少（即动作频率）。

（3）位移速度

位移速度是指人体在特定方向上的位移速度，也通常用通过一定距离的时间或单位时间内所通过的距离来表示。如短跑运动员的跑速、跳高运动员的助跑速度等。以单位时间内机体移动的距离为评定指标。从运动学上讲，是距离与通过该距离所用的时间之比。

（二）速度素质训练的基本方法和基本要求

1. 速度素质训练的基本方法

（1）各种速度训练方法

①外力训练方法

速度训练主要采用重复训练方法，但是像田径的 100 米、200 米跑的训练和游泳项目 50 米和 100 米的训练，可以采用外力牵引的训练方法。此方法是指在速度训练中，运动员借助牵引力、顺风力、重力等外力进行活动的练习方法，如牵引跑、顺风跑、下坡跑等。此方法的主要特点是：有利于提高动作幅度和频率，并易使神经肌肉系统形成快速运动的动力定型；有利于心理上形成快速运动的速度感，强化速度训练中快速运动的动作意识；有助于克服速度障碍，使运动员能够较快度过速度训练中的高原期状态；有利于获得快速运动中肌肉收缩与放松交替进行的感受，使神经系统更精细地支配有关肌群。此方法的不足是：运用过多容易淡化运动技术的用力意识，因此，只能适当穿插应用。

②比赛训练方法

此方法是指在近似、模拟或真实、严格的比赛条件下，按照比赛规则和方式，以提高训练质量为目的的训练方法。此方法的主要功能是通过调动心理能量进行速度训练。此方法的主要特点：可以最大限度地动员人体生理、心理能量，使机体处于高度应激准备状态，这对于充分发挥体能作用具有十分重要的意义；可以使神经系统处于适宜的兴奋状态，有助于发挥神经过程兴奋与抑制的转换能力，并易使神经肌肉活动在竞赛条件下趋向协调化；可以使机体形成与竞赛环境相适应的内环境状态，从而产生与之适应的深刻反映。此方法的不足之处是：易使初级运动员产生心理紧张、动作紧张；过多采用此方法训练特别容易形成一定的速度障碍。因此，初级运动员的速度素质训练应慎用此方法。

（2）速度训练负荷安排

①反应速度负荷训练

反应速度实际上由有机体神经系统反射通路的传导时间及肌肉产生收缩的潜伏期组成。反应速度可分两种，即简单反应与复杂反应，其中，简单反应速度是指人体对外界信号刺激迅速作出预定动作的应答反应；复杂反应速度是指人体对外界信号刺激，迅速作出有选择的应答反应。简单反应训练着重采用重复练习手段，要求运动员尽快对突然出现的信号做出反应。反应动作可采用任何预定动作。负荷安排为强度大、次数少。当运动员的反应速度得以巩固时，可以强化时间记忆训练，即每次练习后，从教练员那儿获得反馈，以形成时间记忆；然后进行时间判断训练，即与教练员实测时间进行比较，以感受其微细差异；最后进行动作的注意训练，即降低相关肌肉收缩潜伏期的速度训练。

复杂反应的训练相对复杂。严格地讲，复杂反应的训练属于运动技术、战术训练的组成部分，是对抗性项群技术、战术训练的重要内容。复杂反应训练的核心是缩短思维过程的选择和判断时间。为此，练习时要特别注意加强"预判"能力的培养，积极捕捉外在刺激可能出现的"隐式信息"，如对手姿势、面部表情等，积极训练对付各种变化的相应动作，并尽可能多地使运动员掌握应答动作的种类数量。复杂反应的训练往往与技术串联训练、衔接技术训练、战术配合训练、变相移动训练高度结合。通常，复杂反应的训练安排，是在运动员精力充沛的条件下进行。复杂反应训练的应答动作，是运动专项的技术动作的开始环节或启动动作。显然，复杂反应的训练负荷与动作负荷高度一致。

②动作速度负荷安排

采用各种动作速度手段进行训练时，其负荷安排要注意：动作应该是以最高速度完成的；练习负荷持续时间不要超过 30 秒，一般情况下在 10 秒左右即可；练习组数的安排应以不降低速度为原则；采用的动作应是练习者熟练掌握的，并把注意力集中在完成动作的速度上；专门性动作速度练习应与专项比赛的动作结构相似，并接近比赛动作施力特点；科学安排抗阻力与无外阻力的训练方法，一般情况下，在进行抗阻力训练后，应及时进行无外阻力的训练；严格掌握间歇时间和休息方式，间歇时间的安排以不降低兴奋性并保持机体充分恢复为宜；加强爆发力的训练，实验研究证明，爆发力的大小与动作加速度的变化呈正相关性，另外，动作速度训练应以速率训练为主，间歇时间应该充分。

③速度耐力负荷安排

速度耐力的负荷安排基本上类似短时耐力负荷安排的特点。不同的是，速度耐力的训练更强调维持人体最高运动速度这一要求。其着眼点在于如何提高机体达到最高速度后维持这一速度水平的能力。因此，在训练中应注意：必须使人体进入最快速度状态后，再维持一段时间，该时间的确定以不出现明显减速状态为宜；适当进行次极限强度或大强度的负荷训练，以提高肌肉放松与收缩的交替能力，特别是提高机体在运动状态下肌肉交替放松的能力。速度耐力训练的负荷安排可参考短时耐力的负荷安排方式。这里必须强调的是适度的有氧代谢能力训练对于速度耐力的发展具有积极的作用。因此，在全年训练过程中应该适度安排一定比例的有氧能力的耐力训练，这有助于提高速度耐力。

2. 速度素质训练的基本要求

速度素质训练应在运动员兴奋性高、情绪饱满、运动欲望强的情况下进行，一般应安排在训练课的前半部分。

速度训练应结合运动员所从事的专项运动进行，如对短跑运动员的反应速度训练，应着重注意提高他们听觉的反应能力，对足球运动员则应该着重提高视觉反应能力，对体操运动员应着重提高皮肤感觉的反应能力。对不同信号的反应之中，触觉反应最快，听觉反应其次，视觉反应最慢。例如，18～25 岁的男子对声音的反应需要 0.14～0.31 秒，对光的反应需要 0.20～0.35 秒，可是触觉反应仅需 0.09～0.18 秒。

速度提高到一定程度时，常会出现进展停滞、难以提高的现象，称为"速度障碍"。产生速度障碍的客观原因是，由于技能动力定型的形成，运动员技术动作的空间、时间特征都趋于稳定；随着运动水平的提高，运动员神经过程灵活性的改进和肌肉收缩所需要的能量的提供会遇到更大困难，而运动员向前移动所需要克服的阻力也更大。产生速度障碍的主观原因是：过早地片面发展绝对速度；基础训练不够；技术动作不合理；训练手段单调、片面，引不起新异刺激；负荷过度、恢复不好；等等。

出现速度障碍时，可采用牵引跑、变速跑、下坡跑、带领跑、顺风跑等手段予以克服。

三、耐力素质训练

（一）耐力素质的内涵

1. 耐力素质的概念

耐力素质是指有机体在长时间活动过程中克服疲劳的能力，是有机体生理机能和心理素质的综合表现。良好的耐力素质有助于心肺功能的改善以及有氧代谢能力的提高。

耐力素质是身体素质的重要指标之一，是人体各器官系统功能和心理素质的综合表现，是衡量人的体质健康状况和劳动工作能力的基本因素之一，是从事各项运动必不可少的一种运动素质。

耐力素质的发展具有重要意义，无论是身体还是意志都会同时优化。发展耐力素质既能增强心肺功能，改善内脏器官功能，提高体质，延长心脏的工作时间，增长生命的年限，提高呼吸系统、血液循环功能，增强抗疲劳能力，也能锻炼吃苦耐劳、顽强拼搏的意志，使其勇于承受更大的压力，养成健康良好的心态，在生活、训练或是比赛中都能达到更好的效果。

2. 耐力素质的分类

一直以来，有很多关于耐力素质的分类及命名。

（1）从训练学角度划分

从训练学的角度可将耐力素质分为一般耐力和专项耐力。

一般耐力是指运动员有机体各器官系统长时间协调工作的能力。

专项耐力是指运动员有机体为了提高专项成绩，最大限度动员机能能力，长时间地承受专项负荷，并保持工作的能力。一般耐力是专项耐力发展的基础。

（2）按肌肉的工作方式划分

按肌肉的工作方式划分，耐力素质可以分为静力性耐力和动力性耐力。

静力性耐力是指有机体在较长时间的静力性肌肉工作中克服疲劳的能力，比如在射击等过程中表现出的耐力水平。

动力性耐力则是指在较长时间的动力性肌肉工作中克服疲劳的能力。

（3）按参加运动时能量供应的特点划分

按参加运动时能量供应的特点分类，可分为有氧耐力和无氧耐力。

有氧耐力是指人体长时间有氧工作（依靠糖、脂肪等有氧氧化供能）的能力。它可以提高机体利用氧的能力，从而促进新陈代谢。

无氧耐力是指机体在氧供不足的情况下较长时间肌肉活动的能力。在长时间缺氧的情况下，体内主要依靠糖无氧酵解提供能量。

3. 影响耐力素质发展的因素

（1）影响有氧耐力发展的因素

有氧工作的先决条件是供氧的充足，这是制约有氧工作的关键因素。而运动中有氧耐力素质受以下几种因素制约。

①心肺功能

肺的通气与换气机能是影响人体吸氧能力的因素之一。空气中的氧通过呼吸器官的活动吸进肺，并通过物理弥散作用与肺循环毛细血管血液之间交换。肺功能的改善为运动时氧的供给提供先决条件。优秀的耐力运动员的肺容积、肺活量均大于非耐力运动员和无训练者，肺的通气机能和弥散能力也大于一般人。要实现肺泡气与肺毛细血管血液间的气体交换，除了要有一定的肺泡通气外，还必须有相应数量的肺部血液流量，后者又取决于单位时间内由心脏输出的血量。运动时人体增加肺通气的能力，远远大于增加心输出量的能力，结果导致机能无效腔（即未得到血液的肺泡）大大增加。因此，肺通气机能并非限制有氧能力的主要因素，而心脏的泵血机能是限制最大有氧能力提高的一个重要的因素。同时心肌收缩力及心腔容积的大小也是影响有氧耐力素质的要素之一。

②骨骼肌特点

当毛细血管血流经组织细胞时，肌组织从血液中摄取和利用氧的能力与有氧耐力密切相关。有氧耐力的好坏不仅与心肺功能或氧运输系统有关，而且与氧的利用能力，即肌纤维的组成及其有氧代谢能力有密切关系。

③神经调节能力

大脑皮质神经过程的稳定性，各中枢间的协调关系直接影响耐力素质的发展。改善神经调节能力，可以提高肌肉活动的机械效率，节省能量消耗，从而保持长时间的肌肉活动。

④能量供应特点

机体的有氧代谢能力与有氧耐力素质密切相关。耐力性项目运动持续时间长，强度较小，其能量绝大部分由有氧代谢供给。

（2）影响无氧耐力发展的因素

无氧耐力的发展水平取决于肌肉内糖无氧酵解供能的能力、脑细胞对血液 pH 变化的耐受力和缓冲乳酸的能力。

①肌肉内糖无氧酵解供能的能力

肌肉内糖无氧酵解的能力主要取决于肌糖原的含量及其无氧酵解酶的活性。因此，肌肉糖无氧酵解能力与无氧耐力素质密切相关。

②脑细胞对血液 pH 变化的耐受力

尽管机体的缓冲物质能中和一部分进入血液的乳酸，但由于进入血液的乳酸量大，血液的 pH 还会向酸性方向发展，加上因供氧不足而导致代谢产物的堆积，都将会影响脑细胞的工作能力，促进疲劳的发展。因此，脑细胞对这些不利因素的耐受能力，也是影响无氧耐力的重要因素。

③缓冲乳酸的能力

肌肉无氧酵解过程产生的乳酸进入血液后，将对血液 pH 造成影响。但由于缓冲系统的缓冲作用，使血液的 pH 不至于发生太大的变化，有利于无氧耐力的训练与发展。

（二）耐力素质训练的基本方法和基本要求

1. 耐力素质训练的基本方法

（1）各种耐力训练方法

①持续训练方法

此方法是指运动员以比较恒定的强度持续不间断地进行长时间练习的方法。此方法的主要功能是提高长时耐力水平。此方法特点是：可提高机体内游离脂肪酸储备水平，有助于提高体内有氧代谢能量物质的含量；在负荷时间长时耐力Ⅰ、Ⅱ级范围内，安排心率为 165 次/分的负荷强度进行训练（在此强度下，负荷总时间也可延续到 30 分钟以上），对于提高肌糖原代谢水平、糖原储备量都具有实际价值，同时有助于提高心血管系统功能；在负荷时间为长时耐力Ⅲ级时，安排心率为 150 次/分的负荷强度进行训练（在此强度上，负荷时间也可延续到 90 分钟以上），对于改善人体心血管系统机能及提高人体脂肪代谢水平具有功效。此方法的变化形式为变速持续练习或者法特莱克练习方法。

②间歇训练方法

此方法是指在相对固定的条件下，按照严格规定的间歇时间休息并进行反复练习的方法。它与重复训练方法的最大区别是对间歇时间赋以严格的规定。此方法的主要功能是提高中时耐力水平效果显著。此方法特点是：间歇时间是以运动后心率恢复到 120 次/分为确定具体间歇时间的主要依据，具有严格的指标；对于提高人体心脏每分输出量的影响最大，可显著提高心肌收缩能力，提高心脏输送血液的能力；对于提高中时耐力、长时耐力Ⅰ级耐力具有较高训练价值；较高强度负荷下，通过分段持续负荷和不断缩短间歇时间方法，可有效地提高专项耐力水平。此方法的不足是：对初级运动员不宜过多采用；负荷量不易掌握。实践中倘若运用失当或负荷间歇掌控不好，易发生速度障碍。

③重复训练方法

此方法是指在相对固定的条件下（不改变动作结构和负荷），按照一定的要求，反复进行练习的方法。此方法特点是：多次重复训练的平均负荷强度最大，每次重复练习时间不长，间歇时间要求不严，一般均以不影响下次重复练习的强度为原则；练习的动作结构固定；对于提高肌肉中 ATP、CP 和肌糖原的含量颇为有效，可取得明显的超量恢复效果。持续时间为 6～8 秒内，强度为最高的运动负荷下，对提高 ATP、CP 能量物质有利；持续时间为 6～30 秒内，强度为较高的负荷下，对提高糖的无氧酵解能力及无氧耐力有利；在持续时间为 30 秒～2 分钟左右，强度安排偏高，对提高以糖的无氧为主的混合供能能力有利。显然，耐力训练的每组负荷时间至少应安排 30 秒～2 分钟为好。

（2）耐力训练负荷安排

①短时耐力负荷安排

短时耐力的训练负荷应以体现明显的无氧供能为特点，以提高肌糖原、血糖、无氧酵解释能水平及机体抗氧债能力为目的，其练习过程应引起强烈的无氧代谢反应。短时耐力的负荷强度多以耐力等级中的次高强度级为主。因此，其生理负荷指标应体现出氧债高、乳酸量大、心率快的特点。为此，负荷持续时间可根据训练目的，在 30 秒～1 分之间选择。练习次数则因训练水平、强度变化而变化。各次练习的间歇时间安排，可以按机体充分恢复或不充分恢复两种方式考虑。组织方法是：对初学者而言，应以重复训练方法为主，间歇时间以充分恢复为安排原则；对训练有素的运动员或高级运动员，其练习方法的安排较为复杂，但多以重复训练方法、强化性间歇训练方法以及比赛训练方法为宜。

②中时耐力负荷安排

中时耐力的负荷时间通常为 1～8 分钟。显然，中时耐力素质的训练最为复杂。许多项目的比赛时间或者局赛时间都是在这一时间范畴。因此，耐力训练至关重要：中时耐力的运动负荷安排，应以鲜明地体现出无氧、有氧代谢混合供能的特点，以提高肌、肝糖原水平、糖的无氧和有氧分解释能水平为目的。中时耐力负荷强度所跨过的级别较多，因此，须具体问题具体分析。一般地说，中时耐力比赛负荷强度、持续时间愈接近短时耐力项目的性质，其运动负荷强度的性质就会愈接近以无氧代谢为主的特点。

中时耐力训练的组织方法同样比较复杂。因此，中时耐力的组织训练，往往根据训练水平、专项特点、训练目的，通过采用不同的变化负荷元素的方式训练达到训练组织目的。实践中，变化不同负荷元素的负荷安排有如下几种典型方式：第一，负荷强度、时间、数量、间歇时间均为恒定，主要用于适应性训练；第二，负荷强度、时间、数量恒定，间歇时间缩短，主要用于分段后整体衔接的耐力训练；第三，强度提高、数量及其间歇时间均为恒定，主要用于提高负荷强度的训练；第四，负荷时间、数量提高，负荷强度、间歇恒定，主要用于提高负荷量的训练。显然，这些方式所要达到的目的根本不同。因此，需要根据训练过程不同阶段的任务和运动员的实际水平，科学地安排不同负荷。

③长时耐力负荷安排

长时耐力训练的负荷安排，应体现以有氧供能为主、以无氧代谢为辅的特点，应以提高机体糖原储备量、糖的有氧分解能力、最大吸氧量、游离脂肪酸含量及其氧化能力为目的。

2. 耐力素质训练的基本要求

（1）耐力训练前的饮食

运动训练之前最好提前一小时进食早餐。训练与饮食之间间隔最少30分钟，否则会在运动中增加肠胃负担，身体产生不适感。运动前的食物要求是浓缩体积小易于消化，不要吃一些含纤维多的不易消化的粗杂粮以及易产气的食物。根据能量供应的原理，耐力素质训练前可以适当增加蛋白质与脂肪的摄入量，严禁不吃早餐就进行耐力训练，这样很容易造成低血糖，出现伤害事故。

（2）耐力训练前的准备活动应当重视

耐力训练前的准备活动最少应持续 20 分钟。主要以慢跑为主，以及一些比较轻松的游戏及全身运动，不要做比较激烈的对抗性游戏。主要以提高体温和逐步提高内脏功能的稳定性和提高植物性神经系统的兴奋性，降低其"惰性"。

（3）耐力训练应当注意选择正确的运动姿势和呼吸方式

耐力训练目前还是主要以较长距离跑为主。如何在跑的过程中更加省力，同时减少能量的消耗呢？跑的动作要求大腿前摆较低，身体腾空低，步长较小，但步频要快，脚着地时多采用滚动着地，重心起伏小平稳推进，双臂的摆弧较小，不超过身体中心线，高度一般不超过肩。耐力训练中正确的呼吸方式，对跑步能力的影响起着决定性的作用。在中长跑中为了达到所需的肺通气量，呼吸必须有一定的频率与深度，呼吸过浅，为了满足需氧量就要加快呼吸频率，这样会加速呼吸肌的疲劳。呼吸过深不仅呼吸肌工作，而且要靠胸腔和腹部的肌肉参加工作，因此，这些肌肉疲劳得更快。呼吸适宜的深度约为个人肺活量的 1/3，只要呼吸肌工作即可。为了得到必要的通气量，必须用半张的嘴和鼻子同时呼吸，呼吸的节奏以个人的习惯和跑速决定。一般呼吸的节奏有以下几种：

①二步吸气和二步呼气，四步一个呼吸周期。

②一步半吸气和一步半呼气或二步吸气和一步呼气，三步一个呼吸周期。

③一步一吸气和一步一呼气，二步一呼吸周期。

（4）注意训练中合理安排适宜的运动负荷，学会用脉搏来控制负荷量

因为在负荷心率需氧量之间存在着线性关系，心率可以作为各种训练手段对机体评价的可靠指标。一般而言，达到最大需氧量的心率为180 次/分的跑速叫作临界速度，低于这个速度称为临界下速度，高于它则称为临界上速度。心率在 150 次/分以下的跑是在有氧供能下进行的，心率在 160 次/分、180 次/分的跑是有氧—无氧供能混合方式。心率在 180 次/分以上为无氧供能。心率在 160 次/分、180 次/分的临界下练习是组合性的，对发展耐力影响很大。

（5）注意练习手段的渐进性、多样性和趣味性

练习手段的渐进性一般是先以健身走过渡到健身跑，以有氧耐力过渡到有氧和无氧混合代谢训练。练习手段上先以单人徒手练习或持器械过渡到双人或多人组合性练习，再到多人的对抗性练习。训练方法上也主要是低强度的持续性练习，如先匀速跑再到变速跑。最后是强度较大的不完全休息间歇训练。在变速跑、间歇跑、重复跑过程中距离也应该由短到长，组间间隔时间应由长到短。

（6）提高意志品质程度

耐力素质的训练需要一定的负荷量，它是在克服机体疲劳的情况下所表现出来的一种运动能力，如果不能克服意志上的障碍、吃苦耐劳、坚持到底、顽强拼搏，就很难从心理上接受耐力素质的发展。因此，需要不断挖掘心理潜力，提高意志品质，并不断通过自我暗示、自我激励以产生或增强克服困难的内驱力。

第二节　健身走与健身跑运动健身指导

一、健身走

（一）健身走的形式与方法

1. 快步走健身

快步走健身是一种步幅适中或稍大、步频加快、步速较快、运动负荷稍大的健身锻炼方法。一般来说，"快走"要比"慢跑"消耗的热量更多，而且快走不易伤害足部、踝关节部，更为安全。快步走健身适用于中老年人和慢性关节炎、胃肠病、原发性高血压病恢复期患者，另外对于减肥塑身者来说，这种手段也是非常有效的。

健身者在进行快步走时，身体适度前倾 3°～5°，基本姿势为抬头、垂肩、挺胸、收腹收臀。在行走过程中，两臂配合双腿协同摆动，前摆时肘部成 90°，手臂高度不高于胸，后摆时肘部成 90°，两手臂在体侧自然摆动，两臂摆幅随步幅的变化而变化。双腿交换频率加快，步幅尽量稳定，前摆腿的脚跟着地后迅速滚动至前脚掌，动作要柔和，后脚离地。

快步走健身简单易行，长期坚持进行锻炼有着较好的强身健体的效果。在进行锻炼的过程中要注意以下几点：

（1）两脚以脚的内侧为准踩成一条直线。骨盆稍有前后左右的转动，但不宜过大。

（2）快速走的步速要均匀，也可采用变速的方式。以每分钟 100～120 步的速度快速走，或每小时走约 5 千米；以每分钟 100 米的急速步行，或每小时行进 6.5 千米，每次 30～60 分钟。

（3）步幅不要过分加大，主要加快步频练习。

（4）脉搏控制在 120～150 次/分钟，不能过快也不能过慢，要结合自身具体实际而定。

2. 踏步走健身

踏步走健身是在原地走或稍有向前移动的特殊走法。这种锻炼方法适用范围非常广泛，任何人都可以参加。它具有提高下肢、腰腹部肌肉力量和内脏器官系统机能的作用。

在做踏步走动作时，要求健身者身体直立，两臂自然下垂或屈臂。踏步走时两腿交换屈膝抬腿或前脚掌落地，两臂协同两腿前后直臂或摆动，屈膝抬腿至髋高达到抬腿最高点，直腿或膝落地均可，落地要轻缓、平稳。

踏步走的锻炼方法简单易行，适合任何人进行健身锻炼。

（1）踏步走两腿交换频率要根据自己的身体情况来确定。一般来说，以每腿 35～45 次/分钟为宜。

（2）踏步走脚落地最好用前脚掌先着地，然后滚动全脚着地，注意脚的缓冲，身体重量落在前脚掌上。

（3）踏步走健身锻炼方法很多，如踏步 4 拍一转体、按音乐节拍踏步、台阶踏步等，可根据自己的情况，每天早晚两次原地踏步走的锻炼。

（4）踏步时用脉搏控制运动负荷，健康成人 1 分钟踏步走脉搏最高可达 180 次/分钟；一般练习者 1 分钟踏步走脉搏达到 120～150 次/分钟即可达到健身最佳效果。身体不适者 1 分钟原地踏步走脉搏最高控制在 120 次/分钟以下。运动时，进行变速度原地高抬腿踏步走，能达到减肥目的。

3. 散步健身

散步健身法比较悠闲轻松，适宜于中老年人和体弱多病者，以及关节炎、心脏病和糖尿病患者，也可以缓解紧张心理和情绪。糖尿病人坚持在饭前 30 分钟结合饭后 30 分钟，散步 0.5～1 小时，可使血糖下降。

在散步的过程中，健身者要保持身体姿势正确，放松、自然、脚放平、柔和着地、抬头挺胸、收腹收臀、保持与脊柱成一直线，两肩放松，两臂自然下垂协同两腿迈步，动作自然，前后摆动，两腿交替屈膝前摆，足跟着地滚动至脚尖时，另一腿屈膝前摆足着地，步幅因人而异。散步健身这种方式较简单，对人的要求也较低，适宜所有的人进行锻炼，经常参加散步健身能获得良好的健身效果，一般来说散步健身主要有以下几种：

（1）普通散步法：普通散步法速度为 60～90 步/分钟，每次应走 20～40 分钟。

（2）快速行走法：快速行走法速度为 90～120 步/分钟，每次应走 30～60 分钟。

（3）摩腹散步法：此法是传统的中医养生法，行走时两手旋转按摩腹部，速度为 30～60 步/分钟，每走一步按摩一周。

（4）摆臂散步法：行步时两臂前后做较大幅度的摆动。行走速度为 60～90 步/分钟。

（5）臂后背向散步法：行走时把两手背放在腰部，缓步背向行走 50 步，然后再向前走 100 步。这样一退一进反复行走 5～10 次。

4. 倒步走健身

倒步走健身即向后行走的锻炼方法。倒退行走时，两腿交替向后迈进，增强了大腿后肌群和腰背部肌群力量，同时还保健小脑，有利于提高人体的灵活性、协调性。倒行锻炼是一种非正常的活动方式，对氧气的消耗和心跳速度都比正常走要高，血液中的乳酸含量也偏高。至于导致这种现象的原因，通过实验研究得知，当增加了走的动作难度和维持平衡的难度，人的氧气和热量消耗就会随之增加。倒步走适合各种年龄的肥胖者，也适用于腰部损伤、慢性腰部疾病的康复训练，同时还可防治脑萎缩。一般来说，倒步走可以分为摆臂式和叉腰式两种。

（1）摆臂式倒步走

上体自然正直，腰部放松，身体不要后仰，不要抬头，眼要平视。右腿支撑，左腿屈膝后摆下落，以左前脚掌先着地，然后滚动到全脚掌着地，身体重心随之移至左腿，按同样方法左右脚交替后退，两臂配合两腿动作自然前后摆动。步幅 1～2 脚长。

（2）叉腰式倒步走

健身者在行走的过程中双手叉腰，拇指在后按"肾俞"穴，四指在前，腿部动作同摆臂式。每后退一步，用两手拇指按摩"肾俞"穴一次，缓步倒退行走 100 步，然后再向前走 100 步。一背一正反复走 5～10 次，可以起到补肾壮腰的作用。

在做倒步走健身时，要注意以下要求：

①选择早晨，空气清新的环境进行锻炼。时间基本上为 20 分钟左右，练习次数不限，并逐渐增至每次 30～40 分钟。

②倒步走要选择平坦、不滑、无障碍物的地方，可选择走廊、过道等地方，切不可在车辆往来密集、人多、有杂物的地区进行，以免发生危险。

③人们在做倒步走动作时，其空间感知能力会发生一定程度的下降，身体平衡性降低。因此步幅要小，可以适当增加步频来维持身体的平衡。走步时，一腿前脚掌擦着地面向后交替倒退走即可，不要屈膝抬腿。在倒走过程中，初始阶段两眼可随同侧腿左顾右盼，掌握方向，等平衡协调能力提高了，眼看前方。腰痛病和腿脚有病者速度更要慢。倒退行走可用脉搏控制运动负荷，健康人一般在 90～100 次/分钟，腰痛者脉搏比自己安静时增加 10 次以上，肥胖者脉搏可达 120～140 次/分钟。

④倒步走的负荷量要根据自己的身体情况而定，当感觉疲乏时，要进行适当的休息，以疲劳感消失为度。锻炼要循序渐进，不可妄自超负荷锻炼，这样不仅达不到增强身体健康的目的，还有可能会导致运动损伤。

5. 其他形式走类健身运动

（1）登楼梯健身法

登楼梯健身法是一种最新走类健身运动。针对在高楼层工作及高层公寓、住宅楼居住的人们来说，是一项很好的室内健身项目。

①登楼梯健身能量消耗分析

通过调查实验研究显示，一个人登楼梯每登高 1 米所消耗的热量，相当于散步 28 米；上 6 层楼，相当于慢跑 500 米。登楼梯的人每分钟消耗热量 14 千卡，一个体重 40 千克的人，登楼梯 10 分钟消耗的热量为 200 千卡，下楼梯消耗的热量是登楼梯的 1/3。在同样的时间里，登楼梯消耗的热量要比静坐多 10 倍，比步行多 4 倍，比跑步多 3 倍，比游泳多 25 倍。若往返 6 层高的楼上下 2～3 趟，相当于慢跑 800～1 500 米的运动量。

②登楼梯健身的作用

登楼梯是一种很好的、有利于锻炼人体肌群和全身耐力的有氧运动。每天登 5 层楼梯，可使心脏病的发病率比乘电梯的人少 25%。另外在登楼梯的过程中，除了下肢肌肉、韧带、关节的活动能力增强外，腰、背、颈部、上肢的关节、肌肉也都参与活动，这不仅可以增强肢体肌肉的力量，还可使肺活量增大，血液循环加速，促进能量代谢，有助于改善和提高心肺功能，提高血液中高密度脂蛋白的含量。对于中老年人来说，长年坚持走步上、下楼梯，可预防高血压、冠心病，对肥胖者来说，可以达到很好的减肥效果。

③登楼梯健身方法

爬楼梯健身。爬楼梯或称缓慢式登楼梯运动，大致与平时登楼梯相同。比较适合健康的老年人及有慢性疾患的中年病人。

跑楼梯健身。即采用奔跑的形式登楼梯。一般需有一定的锻炼基础才可进行，例如，在达到每分钟登 50～70 级梯阶或能连续登楼梯 6～7 分钟后，才可以进行跑楼梯锻炼。

跨台阶健身。就是登楼梯时，每一步不是登一级梯阶，而是两级，甚至三级梯阶，通过这一方式以增加运动的强度和锻炼的难度，青少年多用此方法。

负重登楼梯健身。手提重物或肩背重物登楼梯也是一种加大运动量的锻炼方式，可以锻炼臂力、腿力和腰力。一般手持重物重量大致在 5

千克左右。为了保持平衡，应双手同时提取等重量的重物，并注意重物的体积不宜过大，或用一只手提重物，一只手扶着楼梯栏杆上行。

（2）踩石子走健身法

根据中医学理论，在足部有 60 多个穴位，踩石子可以起到按摩和治疗的作用。现在已经有许多居民社区的小路采用石头铺路供人们锻炼之用。走石头路，一般选择穿较薄的软底鞋，也有赤脚走的。赤脚走的效果会更好些，赤脚踩石头，使脚直接与大地接触便于人体静电的释放，这将有助于降压和调节大脑神经。

（3）雨中散步健身法

当下起小雨时，人们纷纷拥上街头悠然散步，尽情地享受毛毛细雨的沐浴。霏霏细雨产生大量的阴离子，享有"空气维生素"的美称，会令人安神逸志，并有助于降低血压。另外，雨中散步能有效调节人的情绪，使人心旷神怡。

（4）摆臂慢走法

对于上班族而言，由于他们长期坐在办公室，或面对电脑，或长久伏案，导致肩关节疾病发病率升高。而通过摆臂慢走健身法可以有效锻炼肩部的肌肉，提高肩关节的灵活性。健身者在做慢步行走的时候加大手臂摆动的动作幅度，向前可摆至手臂与肩齐平，向后摆到不能再向后摆动为止。每次锻炼 30 分钟左右，步行的速度保持在每分钟 60 步左右。

（5）颈部转动慢走法

如果人们在工作的过程中，坐着的时间过长，肩部、颈部就容易僵硬、疼痛，久而久之，就会患上颈椎疾病。而在进行慢步走锻炼时可以有效转动颈部，活动僵硬的颈部，增强颈部肌肉的力量，提高颈部关节的灵活度。这种散步方式的具体做法是行走的时候，双手交叉放在头部的后下部位，一边走动，一边左右转动头部带动颈部转动。每次锻炼 10 分钟，步行的速度保持在每分钟 25 步左右，每走 2 步，颈部向侧面转动 1 次。

（二）健身走的注意事项

1. 装备

（1）着装的选择

要选择一些具有很好的舒适性和实用性的服装。一般情况下，多选择合成材料制成的，或者是人造和天然材料混纺的衣服，这些材质有利于皮肤的换气和身体的排汗。虽然纯棉衣服穿起来舒适，但当人们汗流浃背时，衣服会黏在身上，会让人感觉到又湿又冷。此外，如果在公路进行运动，要选择颜色浅并带有发光条纹的服装，以便被行驶者看见，避免发生交通事故。除此之外，还要看天气情况来选择不同的服装。

①夏季炎热天气着装

在夏季炎热的环境中进行锻炼，可以穿着浅色或白色的服装来反射阳光，选择吸汗性好的衣服。可能的话，可以购买防紫外线的衣服。最好用服装来遮挡住全身，不要使身体过分暴露在日光下。

②冬季寒冷天气着装

在天气寒冷的情况下，进行健身走锻炼有利于血液循环。在锻炼的过程中，可穿着两到三层轻薄的保暖服装，戴连指手套，这样可以保持温暖，感到热时可以随时脱下来。还要注意戴帽子，帽子上应有拉绳，让帽子正好紧贴头部，帽子要能遮住耳朵。

③风雨环境中着装

在大雨天最好停止锻炼。如果要进行雨中锻炼，应选择穿着质地轻盈并有防水透气性的人造材料上衣，要保证衣服的透气性。同时，要确保上衣的袖口可以收紧，以防止进水。上衣后摆的长度应该能遮盖臀部，使之保持干燥。衣领的高度要能防止雨水从脖颈流入，帽檐的长度应该可以为面部挡雨。

如果是在强风的天气环境中参加锻炼，上衣的下摆应具有收紧功能，起防风作用。上衣也应该是具有防风功能的合成材料，既结实又轻盈。

（2）鞋的选择

在参加健身走时，鞋的选择一定要合脚。根据每个人脚型不同，选择适合自己的软底运动鞋。同时，鞋要轻，以便远行。如选用专门的慢跑鞋更好，这样可缓冲脚底的压力，防止人体关节受到伤害。

①鞋的前脚掌部位要宽松，鞋前帮要柔软，以防脚趾互相挤压引起水泡，同时保护前脚掌、脚趾表面不受磨损。

②鞋底有坡度，鞋跟平稳，硬度适宜。

③鞋的透气性要好，使运动过程中脚出的汗水可随时蒸发，避免脚部潮湿滋生细菌。

④如鞋子稍大，可在鞋里垫鞋垫，防止脚打滑，出现运动损伤。

（3）其他装备

走类健身装备要求比较简单，但为了确保锻炼计划的顺利进行，还要准备一些其他基本装备，如运动水壶、步行包、计步器、太阳镜和防晒霜等。

2. 时间的选择

健身走最好选择在早晨空气清新的时候进行，下午 3 点也是最佳的锻炼时间。此外，也有许多人由于上班，早上没有时间锻炼，就把锻炼的时间定在了晚饭后。能够坚持锻炼是件好事，不过要切忌在饭后立即进行运动。这是因为饭后消化系统的血液循环大大增加，而身体其他部位的血液循环就会相对减少，如果马上开始运动，消化的过程就会受阻，容易引发一些胃肠疾病。一般认为，晚饭后 45 分钟是进行健身走锻炼的最佳时间，以 5 千米/小时的速度步行 28～30 分钟为好。这样，既有利于消化，还可以消耗多余热量，达到减肥健身的效果。

3. 环境的选择

（1）要选择天气晴朗、空气清新的时候，选择清晨和傍晚的时间进行健身走，切忌在大雾天、大风天及公路上进行健身走锻炼，以减少空气污染对人体的伤害。

（2）锻炼场地环境要选择平坦的土地段或沙土地段，不要选择凹凸不平的硬地段，易崴脚、摔倒。如果只能在硬地上运动，必须穿软底运动鞋。倒退行走时，应选择人稀车少、地面平坦的广场、田径场，公园、车辆少的马路上，要注意方向和控制身体平衡。刚开始做走类健身运动时，最好结伴而行，这样可以相互提醒，避免摔倒。

（3）有条件的，可选择在公园、树林内进行锻炼。因为公园内空气清新，吸入氧气量比平时多 8 倍以上，空气中阴离子还可以促进人体的新陈代谢过程，改善呼吸功能，增强抵抗力，可预防神经衰弱、贫血等疾病。

4. 运动量的选择

人们参加健身走要按照循序渐进的步骤进行，运动强度应由小到大，运动时间由短到长。最初如果不了解自己的运动能力，开始时应尽量选择较低强度，若在练习后睡眠好、食欲佳，次日没有感到心慌、心悸、头痛、无力、心率加快等不适，可逐渐加大强度，否则，要降低强度。建议每周锻炼至少 3 次，并且每次不能少于 30 分钟。

二、健身跑

（一）健身跑的形式与方法

1. 原地跑健身

原地跑是在室内进行的一种健身形式的锻炼，适用于绝大多数人。原地跑的时间可长可短，根据需要而定。跑的速度可逐渐加快，动作也可逐渐加大，以便逐渐增加运动强度和运动量，也可以根据跑步的速度挑选合拍的音乐，在音乐伴奏下原地跑步，提高练习兴趣，发挥跑步的健身功效。

2. 倒跑健身

倒跑是返序运动中的一个健身项目，是背部指向正常跑步方向的运动，两脚向后移动的跑步方式。倒跑时，上体正直稍向后，抬头挺胸，两眼平视，双手半握拳置于腰间，一条腿抬起向后迈出，脚尖着地，身体重心随之后移，再以同样的方式换另一腿，小跑步向后退去，交替进行，两臂自然前后摆动，身体不要左右摇摆。

对于初学者而言，可以将正常跑与步行结合起来进行，先步行，慢跑，再倒跑，逐步增加倒跑的距离。这种锻炼方法对腰肌劳损、腰椎病，腰、腿、脚骨质增生等患者具有很大的帮助。

3. 慢速跑健身

慢跑是一种主要的健身跑锻炼方式。它是根据自己的体质情况，以匀速慢跑的方式完成一定距离，来达到锻炼身体目的的运动方式。在最初可以以每分钟跑 90～100 步为好，然后逐渐增加到每分钟 110～120 步、120～130 步。运动时间以每天 20～30 分钟为宜，距离 2 500～3 000 米。或先从 1 000 米开始，待适应后，每月或每两周增加 1 000 米，一般增至 3 000～5 000 米即可。速度指标：慢跑 1 千米距离，8～12 岁儿童用 8～9 分钟；青少年用 7～8 分钟；30～49 岁中年人用 8～9 分钟；50 岁以上老人用 10～15 分钟。锻炼应每日或隔日进行一次，老年人和体质较弱者可以比走步稍快一些，体质较好者可以适当提高跑速，选择适宜的运动量。

4. 变速跑健身

变速跑就是改变速度的跑类健身运动。这是适合体质较好的健身跑爱好者的一种锻炼方式。当慢跑时，肌肉活动不是很激烈，吸入的氧气就可以满足肌肉活动的需要，是有氧代谢；而快速跑时，肌肉活动激烈，氧需求量增多，吸入的氧气不能满足运动对氧的需求，属于无氧代谢。变速跑的锻炼，不仅对发展一般耐力有好处，而且也能提高机体的速度耐力素质，对提高人体机能大有益处。

变速跑可以根据自己的情况随时改变速度，逐渐提高变速跑的速度，逐渐增加运动量，以最大限度地发挥健身跑的作用。

5. 滑步跑健身

在进行跑步锻炼时，练习者不是面朝前方，而是侧身而跑，即向左跑或向右跑,这种锻炼方式称为滑步跑锻炼法。向左跑时,右脚先从左脚之前向左侧移动一步,左脚则从右脚之后向左移动一步,如此反复侧向前进,而向右跑时,正好相反。这种跑步方式适用人群广泛,多在其他跑步方式锻炼间隔中进行,可增加机体的灵活性、敏捷性、协调性及平衡性。

6. 迂回跑健身

在跑步的前方,有许多障碍物,障碍物与障碍物之间有一定距离,跑步时交替性地从障碍物的左右侧跑过。跑过之后,还可以设法再跑回来。这种跑步方法是一种游戏式的跑步,可增加跑步的趣味性,并锻炼身体的灵活性。

7. 旋转跑健身

旋转跑是倒序运动中的一项特殊的健身运动,但不同于倒跑,是向前跑、侧身跑和倒跑几种方式的综合运动。旋转跑时,由于身体的旋转,使人体产生了一定的离心作用,破坏了习惯性重力的感觉,使身体各部位器官、血液循环系统,随着人体的旋转发生横向扩张,从而促进全身血液循环和脑部的供氧功能,使各器官得到锻炼,有利于提高人体的平衡能力。

方法是先在原地练习顺时针和逆时针旋转,不求快速只求匀速。在开始跑时,圈子要大一点,速度要慢一点,遵循循序渐进的原则,逐渐由慢到快,由大到小。向左向右转两个方向都要进行练习。一般人习惯了顺逆时针各转三圈后,即可在跑步过程中不时旋转,并逐步增加旋转的频率、速度及圈数。

8. 跑跳交替健身

跑跳交替即跑一段距离之后跳几下,再跑一段,再跳几下,这样跑跳交替进行,跑的速度可根据自己的身体情况采用慢跑或中速跑,或稍慢速度,动作要放松协调,轻松自如,具有良好的节奏。跳是身体向前跑的过程中尽量向上跳起几下,使身体肌肉、关节在长时间的连续活动中得到刹那间的休息,可缓解跑步的疲劳,同时锻炼弹力。

9. 跑楼梯健身

随着时代的进步，人们被钢筋水泥包围，高层办公、高层寓所等对于上班族来说已经越来越常见了，基于健身的需求越来越高，跑楼梯健身应运而生。据医学论证，跑楼梯既是增强心肺功能的全身性需氧运动，又是一项可以灵活掌握运动量、无须投资及男女老幼皆宜的锻炼方法。跑楼梯可延缓肢体肌群萎缩、韧带僵硬、骨质疏松脆弱，达到强肌肉、疏关节、柔韧带、坚骨质的健美效果。

要求腰、背、颈部和肢体不间歇地活动，肌肉有节奏地收缩和放松，可促进肺活量，加速血流，改善新陈代谢和增强心肺功能。据测定，采用匀速跑楼梯方式每 5 分钟可消耗 100～110 千卡的热量，是散步的 2 倍，可与慢跑或骑自行车耗量相类同。这对于上班族来说不愧是瘦身减肥的理想运动方式。

10. 水中跑健身

在陆地上进行跑步健身，脚对地面的撞击容易造成脚部、膝盖和臀部肌肉或韧带拉伤，因此人们又发明了一种结合了游泳和跑步的新型健身运动——水中跑健身运动。

健身者身体垂直浮于水中，头部露出水面，四肢如在陆地跑步般前后交替运动。在深水中水的散热要比空气快许多，此项运动真不失为一个夏季避暑健身锻炼的好方法。另外，水的阻力是空气阻力的 12 倍，在水中跑 45 分钟就相当于在陆地上跑 2 个小时，运动强度已足够。发展到现在，水中跑步得到了一定的推广，人们也对此有了新的认识。

除此之外，水还具有良好的美容、按摩效果。在水中运动，皮肤柔软、富有弹性。浸泡在水中还能消除忧郁和疲劳，减轻精神上和肉体上的负担。长期坚持水中跑步，可以改善血液循环，促进新陈代谢，消耗能量，对控制体重具有良好的效果。

（二）健身跑的注意事项

1. 锻炼前

（1）充分了解自己的身体状况

在进行跑步运动前，要对身体做一个全面的检查，尤其是中老年人更需如此。如果有慢性病症，要谨记医生嘱咐和指导进行健身运动。运动人员要根据自己的身体状况制订合理的锻炼计划。制订锻炼计划的时候要注意：每周跑的次数及每次跑的距离要逐渐增加，不能急于求成，开始可隔日跑，每次跑 10~20 分钟左右或慢跑与快走交替之后，慢慢增加跑的时间，过渡到每日跑 1~2 次，每次跑 20~30 分钟。

（2）运动量的掌握

跑类健身项目的运动量特点就是比竞技运动小，一般情况下不会让机体产生过度疲劳，损害健康。因此，掌握好运动量至关重要。运动量的掌控主要体现在两个方面：持续时间和跑的强度。

持续时间以不出现过度疲劳症状，呼吸困难，头晕眼花等不良症状为极限，可根据情况自我调控，并没有严格的时间限制。但要达到健身的目的还需要持之以恒。

跑的强度一般是用最大摄氧量的百分比来计算，也可用跑后的即刻心率间接反映跑的强度。

每个健身跑爱好者都可以根据自己锻炼后即刻心率，推算出自己的运动强度。计算心率的方法：当锻炼结束时，立即计算 10 秒的脉搏数，再乘以 6，就得出每分钟的心率。如一个 30 岁的健身跑练习者，跑后即刻心率为 135 次/分钟，那么他的强度为 60%。一般而言，采用何种健身跑的方法，跑的距离、跑的时间、跑的速度和每周锻炼的次数，一定要根据锻炼者的体质及健康水平等个体实际情况而定。

在锻炼的过程中，要注意以下几点：速度要适中，一般以 120~130 米/分钟的速度慢跑即可；距离要恰当，不要勉强自己一定要达到某个极限，循序渐进、量力而行即可；持之以恒，通常情况下保证每周至少锻炼 3～4 次。

2. 锻炼中

（1）准备活动

准备活动具有重要的作用，它可以让全身肌肉、关节及内脏器官做好跑的准备，实际上，参加任何运动项目的锻炼都离不了准备活动。在进行健身跑前一般可采用以下准备活动：

①站立，两手叉腰，交替活动小腿关节（踝关节）。

②半蹲，两手扶膝活动膝关节。

③两腿交替高抬腿，活动髋关节。

④一手扶持，依次前后踢腿，活动髋关节、膝关节。

⑤两手叉腰旋腰，活动腰部。

⑥前后弓箭步压腿；左右压腿，牵扯腿部韧带。

⑦上体前后屈，以及上肢的轻微活动等。

（2）场地的选择

一般来说健身跑对场地的要求比健身走要高。一般可选择田径场、公路、平坦的土路或公园等场地进行健身跑的锻炼。并可选用路灯、电线杆、特征性强的建筑物、公园的拐弯处、树木、山坡等地形突出部分作为标记，帮助掌握跑的距离和速度。在公园里也可选择长度不同的多条路线，经常变换跑的路线，既能激发健身者参与锻炼的兴趣，又能提高锻炼水平。

（3）时间的选择

在健身锻炼时，每天锻炼没有严格规定，因人而异。一般来说，在早晨进行健身跑较为合适，如果由于某些原因，早晨不能锻炼，也可以安排在晚间进行，但要保证锻炼和睡眠之间间隔 1.5～2 小时。学生可以在课外活动和放学后的时间进行锻炼。中老年人应在生活规律的前提下，安排锻炼时间。

3. 锻炼后

锻炼后的整理活动，其目的是给予身体一个从动态到静态的缓冲阶段，放松肌肉，减缓肌肉疲劳。一般来说，常采用伸展运动的方法来促使运动者机体的恢复。

（1）对大多数人来说，每组肌肉群进行 15～30 秒钟的静态伸展（就是选取一个姿势并保持）就足够了。伸展的程度是感觉到紧张，并且有轻微的感觉延伸到了肌肉里但并不是疼痛。保持这个姿势直到压力彻底放松而且肌肉上的受力也减少为止。如能够继续坚持，就可以加大伸展的力度。

（2）伸展动作要循序渐进，开始坚持 15～30 秒钟以此来提高弹性，然后每个伸展动作再次重复两次，之后每天增加到 30 秒钟或者更长。但不可勉强，要量力而行。

（3）伸展有必要的肌肉，在伸展运动中要注意到大量重要的肌肉块。

（4）定期进行伸展运动。应该每日进行伸展，在每次跑步后感觉更加紧张时，要有目的地进行伸展。

除此之外，还要对整个锻炼过程进行必要的监督，在每次锻炼后都要根据自己的主观判断或科学检测等，认真记录锻炼后的主观感觉与客观指标，根据身体状况及时调整健身跑的量与强度，如此才能取得理想的锻炼效果。

第三节　休闲球类运动健身指导

一、乒乓球运动技术训练

（一）基本站位

乒乓球运动有如下两种基本站位方式。

1. 进攻型打法的基本站位

距离球台端线 50 厘米左右。擅长近台进攻的运动员，站位可稍近些；擅长中近台进攻的运动员，站位可稍后些；擅长正手侧身抢攻的运动员，可站在球台偏左侧；擅长打相持球或反手实力较强的运动员，可站于球台中间略偏反手的位置。

2. 削攻型打法的基本站位

距球台端线 100～150 厘米，多在球台中间略偏反手的位置。进攻能力强的，站位可稍近些；以防守为主的运动员，站位可稍远些。

基本站位只是一个大概范围，并不是固定的一点。

（二）基本步法

基本步法是乒乓球运动员为选择有利的击球位置所采用的脚步移动方法。乒乓球的基本步法有以下几种。

1. 单步

用一只脚的前脚掌为轴，另一只脚向前、后、左、右的不同方向进行移动，当移动完成时身体重心也随之落到摆动脚上。在还击近网短球或追身球时经常采用这种步法。

2. 并步

先以来球异侧方向的脚用力蹬地向另一脚移（或叫并）半步或一小步，另一只脚在并步落地后即向同方向移动。进攻型运动员或削球型运动员在左右移动时经常采用这种步法。

3. 跨步

来球方向异侧脚要用力蹬地，另一只脚向来球方向侧跨一大步，而蹬地脚也要迅速跟着移动，球一离拍后快速还原，同时要保持准备姿势。削球运动员有时会用跨步来对付对方突然的攻击。

4. 跳步

来球异侧方向脚的前脚掌内侧要用力蹬地，让两脚同时离开地面向前、后、左、右跳动，蹬地脚先落地。这是弧圈球打法在中台向左、右移动或侧身移动时经常用的步法。

5. 垫步

两脚的前脚掌几乎要同时上下轻轻跳一下或踮一下，有时两脚是不能离开地面的。垫步可以向前、后、左、右移动，其要点体现在"垫"上，垫的动作幅度只是正常步法的半步。

（三）握拍技术

1. 直握法

直握法主要有直拍快攻握拍法、直拍弧圈握拍法两种。

（1）直拍快攻握拍法

运用直拍快攻握法时，食指自然弯曲，食指的第二指节和拇指的第一指节分别压住球拍两肩，食指与拇指间的距离要适中。其他 3 指自然弯曲叠放，中指的第一指节侧面顶在球拍背面约 1/3 处。

（2）直拍弧圈握拍法

中式弧圈球握拍法：中式弧圈球握拍法与直拍快攻打法的握拍法基本相同，只是在正手拉弧圈球时，拍后的三根手指略微伸直，以利于攻球时较好地保持拍形前倾稳定。

日式弧圈球握拍法：拇指紧贴拍柄左侧，食指扣住拍柄，形成一个小环状。正手拉球时，中指和无名指基本伸直，以第一指节握住球拍；反手推挡时，食指向内扣得更深，拇指放松并稍翘起。

2. 横握法

横握时中指、无名指和小指自然地握住拍柄，拇指在球拍的正面轻贴于中指旁边，食指自然伸直斜放于球拍反面，虎口轻贴于拍，但虎口不宜太紧地贴在球拍上，否则会影响手腕的灵活性。正手攻球时，食指压拍，以拇指第一指节作为支点，与中指协调控制拍形并传递击球的力量，甚至可将食指略向球拍中部移动，以使其压拍的用力点与球拍正面的击球点更为接近，利用食指制造弧线并辅助发力。反手进攻时，则是以食指根部关节为支点，拇指压拍控制拍形并传递击球力量，同样，也可令拇指略向上移去接近正面的触球点，靠拇指控制拍形、发力和制造弧线。注意避免中指、无名指、小指和手掌将拍柄握得过紧。

（四）发球技术

1. 平击发球

平击发球是乒乓球初学者掌握和学习发球的入门技术，它具有运行速度慢、力量轻、旋转弱的特点。它又分为正手平击发球和反手平击发球两种。

（1）正手平击发球

发正手平击球时，运动员身体离球台约40厘米，两脚开立，略宽于肩。抛球时向后上方引拍，球拍拍面略前倾。在球的下降期击球的中上部并向前方发力，使球的第一落点在球的球台的中段附近。需要注意的是，抛球和引拍的时机要准确，挥拍击球时有一个略微向前下方压球的动作。

（2）反手平击发球

反手平击发球时，运动员站于球台中间偏左处，右脚稍前或平行站立，身体略向左转，含胸收腹，将球抛至身体左侧前方的同时，向左后方引拍。右臂外旋，拍形前倾，在球的下降期击球的中上部并向右前方发力，使球的第一落点在球台的中段区域。

2. 反手发急下旋球

反手发急下旋球时球速快、弧线低，前冲大，迫使对方后退接球，有利于抢攻，常与发急下旋球配合使用。

拍面稍后仰，手腕配合前臂向前下方弹击，触球瞬间手腕稍作转动，以增加球的下旋力。注意手腕的抖动发力，第一落点在本方台区的端线附近。

3. 反手发右侧上（下）旋球

发球时，右脚稍前，重心置左右脚上。抛球的同时向左后方引拍，腰略向左转，拍面稍后仰，手腕适当内旋，当球下落时手臂自左上方向右下方挥摆。在触球瞬间加大前臂、手腕的爆发力，同时注意配合转体动作，使腰、臂协调用力，有利于增大发球的速度和力量，以增强球的旋转。发右侧上旋球，触球时拍面从球的中下部向左侧上部摩擦。发右侧下旋球，触球时拍面从球的左侧中下部向右侧摩擦。

（五）接发球技术

乒乓球的比赛首先是从发球和接发球开始的，每局比赛双方接发球的机会与发球相同，每一分的争夺都是从接发球开始的。接发球技术是各项基本技术的综合运用，只有比较全面地掌握各种接发球的方法，才能在比赛中减少被动，力争主动。接发球技术具有以下几种具体方法。

1. 接下旋球

接下旋球时，运动员应用拉球回接，击球时间为下降前期，多向上用些力，增加摩擦球的动作，若来球下旋强烈，拍形还可稍后仰。用推挡回接，拍形稍后仰，下降前期击球，触球瞬间有一向上摩擦球的小转腕动作。亦可用搓球回接，视来球下旋强度，调整拍形和用力方向。下旋强烈时，拍形后仰，多向前用些力，反之则减少拍形后仰度，稍增加向下用力。

2. 接侧旋球

接侧旋球最重要的是调节拍形和用力方向。如对方发左侧旋，拍形应偏向对方右角，并稍向对方右角用力。对方发右侧旋，拍形应偏向对方左角，触球时稍向对方左边用力。至于拍形偏多少、用力方向和用力大小的掌握，皆应因球而异。

3. 接平击发球

接平击发球时，运动员的站位靠近球台，球拍对准来球的弹起方向。在来球刚刚弹起时，用平挡回接，拍行基本与台面垂直，借来球之力将球挡回。若用快推回接，以接回为主，并配合向前推击。用快攻接，击球时间为上升期或高点期，以向前发力为主，略带向前上方摩擦球。亦可用前冲弧圈球回接，击球时间为上升后期或高点期，以向前用力为主。

（六）推挡球技术

推挡球是推球和挡球的总称，是左推右攻打法的主要技术之一，也是其他类打法不可能缺少的技术。推挡球技术具有以下几种具体方法。

1. 挡球

以右手为例，挡球时，两脚要平行或左脚稍前，身体离球台大约50厘米。击球之前，前臂与台面应平行伸向来球。拍触球时，前臂和手腕要稍向前移动，主要是借助对方来球的反弹力把球挡回。在上升期，击球的中部，拍形与台面接近垂直。击球之后，快速收回球拍，快速还原成击球前的准备姿势。

2. 快推

左脚要稍前，或两脚要平行，自然开立，身体离台大约50厘米。持拍手上臂和肘关节内收，前臂略向外旋。击球时，前臂开始要向前推击，同时手腕外旋，食指压拍，拇指放松让拍形前倾。

在上升期，击球中上部，将球快推回去。击球后，手臂继续前送，手腕要配合外旋使球拍能下压。

3. 快挡

常见的快挡有反手快挡和正手快挡两种。

（1）反手快挡

球拍要置于身前，前臂要自然弯曲。准备击球时，拍稍要向后移。如果挡直线，当球从台面弹起时，前臂要向前迎球，拍形应稍前倾，让拍面对着对方右角，在上升期击球中上部。如果挡斜线，手腕在触球瞬间稍向外转动，让拍面对着对方左角，在触球的左侧上部。

（2）正手快挡

在准备击球时，前臂要稍向右移动。如果要挡直线，当球从台面弹起时，前臂要快速向前迎球，手腕应略向外展，拍稍微竖起，让拍面对着对方左角，在上升期击球中上部，拍形要稍前倾。如果挡斜线，手腕稍向内转，让拍形对着对方右角，触球的中上部。

（七）攻球技术

攻球是乒乓球比赛中争取主动和获得胜利的重要技术。它具有快速有力的特点，能体现积极主动、快速进攻的指导思想。运用得好能使对方陷于被动，进而取得优势。

1. 正手攻球

常见的正手攻球技术有正手快攻、正手扣杀、正手拉攻等。

（1）正手快攻

站在近台位置，左脚稍前，离台约 40 厘米。击球前，持拍手向身体右侧引拍，身体略右转，重心也右移，上臂与躯干的夹角为 30°～40°。手腕与前臂几乎成直线并与地面平行，前臂发力为主，拍形稍前倾，在上升期击球的中上部，并向左前上方挥拍。触球时，拇指压拍，食指放松，前臂内旋，击球后，球拍顺势挥至左额附近，重心随击球动作由右脚移至左脚。球击出后，迅速还原，手臂放松，准备下一板击球。

（2）正手扣杀

站位的远近视来球的长短而定，短的来球站位近台，长的来球站位中远台。整个手臂要随腰部的转动而向后引拍，以便获得更大的加速度，借以加大击球力量。手腕起控制落点的作用，与整个手臂一起直接向前向下发力，触球中上部将球击出。球击出后，迅速还原，准备连续扣杀。

（3）正手拉攻

左脚稍前，身体离球台约 60 厘米。击球前，持拍手臂向右后下方引拍，球拍比半横状略下垂些，拍形稍后仰。当球从高点开始下降时，上臂由后向前上方挥动，在将触球前，前臂加速用力向左上提拉，同时配合手腕动作向上摩擦球，在下降期击球中部或中下部，拍形接近垂直。遇来球低或下旋较强时，腰部应配合向上用力。击球后，要随势将球拍挥至额前，重心移至左脚。

2. 反手攻球

常见反手攻球有反手快攻、反手远攻、反手拉攻等。

（1）反手快攻

两脚自然开立，站位中近台。击球前，上体左转，引拍至左腹前，上臂贴近身体，前臂与台面略平行。击球时，以前臂发力为主，食指压拍控制拍面角度（直握拍者），前臂外旋，在来球上升期击球中上部，前臂和手腕由左向右前上方挥动。击球后重心由左脚移至右脚，然后迅速还原，准备下一板击球。

（2）反手远攻

右脚要稍前，身体离球台 1 米以外。击球之前，持拍手的上臂和肘关节要靠近身体，前臂向左下方移动，把球拍移至腹前偏左的位置，拍形稍后仰。击球之时，手臂由后向前挥动，前臂在上臂带动下，向前上方用力，同时要配合向外转腕动作，在下降期击球中下部。击球之后，大臂随势前送，肘关节离开身体，把球拍挥至头部高度，同时身体重心要移向右脚。

（3）反手拉攻

右脚要稍前，身体离球台大约 60 厘米。击球之前，持拍手臂的上臂靠近身体，前臂向左下方移动，把球拍移至腹前偏左的位置，球拍要略下垂并稍低于台面，拍形要稍后仰。击球之时，上臂要稍向前，同时要配合向外转腕动作，前臂向右前上方迅速挥动，在下降期击球中部或中下部，同时腰部应辅助用力。击球后，随势将球拍挥至额前，同时身体重心移至右脚。

（八）弧圈球技术

弧圈球的种类很多，大致可以分为正手和反手两种。

1. 正手高吊弧圈球

准备击球前，两脚开立，右脚稍后，身体略向右转，两膝微屈，重心放在右脚上。准备击球时，持拍手臂自然下垂，并向后下方引拍，右肩略低于左肩，拇指压拍使拍形略为前倾，呈半横立状，并使拍形固定。当来球从台面弹起时，手臂向前上方挥动，前臂在上臂带动下爆发性用力做快收动作。将要触球时，手腕向前上方加力，在球下降期用拍摩擦球的中部或中上部。球拍擦击球时，要注意配合腰部向左上方转动和右腿蹬地的力量。击球后，重心移至左脚。

2. 反手弧圈球

两脚平行或左脚稍后站立，两膝微屈，重心较低。击球前，将球拍引至腹部下方，腹部略内收，肘部略向前，手腕下垂，拍形前倾。当球从球台弹起时，以肘关节为轴，前臂迅速向上挥动，结合手腕向上转动的力量，在下降期用拍擦击球的中部或中上部。在击球过程中，两腿向上蹬伸，重心上提。击球后，手臂顺势向前上方送过头部，并迅速还原。

（九）搓球技术

乒乓球的搓球技术可分为慢搓和快搓，搓转与不转球。

1. 慢搓

搓球时，正手慢搓的站位是右脚稍前，身体离球台约 50 厘米，持拍手臂向右上引拍。击球时，前臂和手腕向前上方用力，同时配合外旋转腕的动作，拍形后仰，在下降后搓击球中下部。击球后，前臂保持不动。

2. 快搓

搓球时，右脚稍前，身体靠近球台。来球在身体左侧时，可运用反手搓球。击球时，上臂迅速前伸，前臂跟随向前，拍形稍后仰，利用上臂前送力量，在上升期击球中下部。来球在身体右侧，可以运用正手搓球。搓球时，身体稍向右转，手臂向右前上引拍，然后前臂和手腕向前下方用力，在上升期击球中下部。

3. 搓转与不转球

搓转与不转球技术的动作方法与快搓技术的动作相同。决定转与不转要看击球作用力是否通过球心。搓转球时，除击球速度、击球力量和拍面后仰角度要加大以外，还要在球拍切击球时摩擦球的中下部，使其作用力远离球心，形成较旋转的球。而搓不转球时，减小拍面后仰角度，手腕向前用力，击球中下部并向前上推送，使击球力量接近或通过球心，这样就形成相对的不转球。

（十）削球技术

削球是我国乒乓球传统手法之一，也是乒乓球防守技术之一，削球具有以下几种具体方法。

1. 远削

远削可分为正手远削和反手远削两种。

（1）正手远削

正手远削时，运动员站在中台站位，左脚稍前，上体稍向右转，重心落于右脚，持拍手臂自然弯曲于腹前。顺来球方向向右上方引拍与肩同高，拍面后仰。当球从台上弹起时，持拍手上臂带动前臂由右上向左前下方加速切削，手腕向下转动用力，在右侧离身体40厘米处击准下降期球的中下部，并顺势前送。

（2）反手远削

站在中台站位，右脚稍前，上体左转，重心落于左脚，持拍手自然弯曲放松置于胸前。顺来球路线向左上方引拍约与肩同高，拍柄向下。当球弹起时持拍手从左上方向右前下方挥动，拍面后仰，用前臂和手腕加速用力切削，球拍在胸前偏左30厘米处击准下降期球的中下部，并顺势挥至右侧下。削球的重点难点是手臂、腰、腹和腿的协调用力。

2. 近削

近削也有正手近削和反手近削两种。

（1）正手近削

正手近削时，左脚稍前，身体离球台50厘米左右，上体稍向右转。击球时，手臂弯曲，把球拍引至与肩同高，拍形稍后仰。触球时，前臂用力向左前下方挥动，手腕配合下压，在上升后期或高点期，击球中部或中下部。

（2）反手近削

反手近削时，右脚稍前，手臂弯曲向左上引拍。击球时，前臂向右前下方挥动，手腕配合用力下压，在上升后期或高点期，击球中部或中下部。

3. 削追身球

（1）正手削追身球

当来球在身体中间偏右时，右脚后撤，含胸收腹，向右后转腰。上臂靠近身体，前臂稍外旋向右上方引拍，拍面竖立，在下降前期击球的中部或中下部，上臂带动前臂向下用力压球，控制球的弧线。击球后，手臂随势向下挥拍，放松后迅速还原。

（2）反手削追身球

当来球在身体中间偏左时，左脚后撤，含胸收腹，向左后转腰。上臂贴近身体，前臂稍内旋向左上方引拍，拍面竖立，在下降前期击球的中部或中下部，前臂带动手腕向下用力摩擦球。击球后，手臂随势向下挥拍，然后迅速还原。

二、羽毛球运动技术训练

（一）握拍技术

常见的羽毛球握拍方法有正手握拍法和反手握拍法两种。

1. 正手握拍法

先用左手握住球拍的中杆，使拍框与地面垂直。张开右手，使虎口对准拍柄斜棱上的第二条棱线（此时眼睛从左至右可同时看见 4 条棱线），然后用近似握手的方法握住拍柄，拇指和食指贴在拍柄两侧的宽面上，其余的三指自然握住拍柄，五指与拍柄呈斜形。

2. 反手握拍法

在正手握拍的基础上，将球拍柄稍向外旋，拇指稍向上提，拇指内侧顶贴在拍柄第一斜棱旁的宽面上，也可将大拇指放在第一、二斜棱之间的小窄面上，食指稍向下靠，下三指放松。反手握拍击球时，靠食指以后的三指紧握拍柄，同时拇指前顶发力击球。

（二）步法技术

1. 场上移动步法

（1）上网步法

从中心位置移动到网前击球的步法，称为上网步法。根据上网时脚步移动方法的区别，上网步法可分为跨步（又称交叉步）上网、垫步上网和蹬跳步上网。不论正手或反手，根据来球远近，上网步法可采用三步、两步或一步上网击球。

①跨步（交叉步）上网

站位于球场中心稍靠后，两脚左右开立。右脚略前，上体稍前倾，两眼注视对方击球。当对方吊网前球时，在对方击球瞬间，脚跟提起轻跳并迅速调整重心至后脚以协助快速起动。左脚迈一小步，用脚掌内侧起蹬，右脚向前跨大步，以脚跟和脚掌外侧着地滑步缓冲，脚尖外斜，右脚屈膝成弓箭步，左脚随即向前挪动，以协助右脚回蹬。击球后用并步或交叉步退回中心位置。如果对方来球较近，可用左脚蹬地随即右脚跨一大步上网。

②蹬跳步上网

蹬跳步上网是为了提早击球，争取击球点在网顶上空，以起到突击的作用，一般常用于上网扑球。在做好扑球思想准备的基础上，并判定对方发或放网前球时，右脚稍向前，脚一点地便起蹬，侧身扑向网前（或左脚蹬地扑向网前），当球飞至网顶即行扑击，在触球的同时右脚先着地，左脚随身体惯性在右脚后着地，并立即退回中心位置。

③垫步上网

准备姿势同跨步上网。右脚先迈一小步，左脚随即垫一小步靠近右脚跟（或后交叉迈小步），并用脚掌内侧起蹬，接着右脚迅速向前跨大步上网（着地后要求同跨步上网）。击球后用并步或交叉步退回中心位置。

（2）中场两侧移动步法

从中心向左右两侧移动到击球点上击球的步法，称为两侧移动步法。中场两侧移动步法多用于接对方的杀球或半场低平球，其站位和准备姿势与上网步法基本相同。

①向左侧移动步法

根据来球，调整重心，上体稍倒向右侧，右脚掌内侧用力起蹬，左脚同时向左侧转跨大步。来球较远时，左脚先向左侧移半步，上体向左转身的同时，右脚向左前交叉跨大步。

②向右侧移动步法

两脚左右开立，脚跟稍提起，根据来球，调整重心，上体稍倒向左侧，左脚掌内侧用力起蹬，右脚同时向右侧转跨大步。如距来球较远，左脚向右垫一小步再起蹬，右脚同时向右侧转跨大步。

2. 后退步法

从中心移动到后场各个击球点的位置上击球的步法，称为后退步法。后退步法有正手后退步法和反手后退步法。

（1）正手后退步法

正手后退步法有侧身并步后退和交叉步后退两种。

①侧身并步后退步法。在对方击球前刹那间，脚跟提起轻跳，迅速调整重心至右脚。接着右脚蹬地快速向右后撤一小步，上体右转侧身对网，紧接着左脚并步靠近右脚，右脚再向后移至来球位置。在移动中做好手部动作准备，待来球在右肩上方下落时做正手底线原地击球或跳起击球。击球后并步或小步跑回中心位置。

②交叉步后退步法。站位与准备姿势同侧身并步后退步法。右脚撤

后一小步后，左脚从体后交叉后退一步，右脚再后移至来球位置。

（2）反手后退步法

调整重心后，右脚后撤一步，接着上体左转，左脚随即向左后退一步，右脚再跨出一步，背对网，做底线反手击球。反手后退步法应根据来球距离的远近调整步法。

如离来球较近，可采用两步后退步法，上体向左后转，左脚同时后撤一步，右脚再向左后跨一步，做底线反手击球。如距来球较远，则采用三步或五步后退步法，右脚先垫一步，而后左脚向后方跨一步，再按右、左、右向后退。但无论是几步，反手击球后退步法最后一步应右脚在后，重心在右脚上。

（三）发球技术

1. 正手发球

常见的正手发球有正手发网前球、正手发后场平高球、正手发后场高远球等。

（1）正手发网前球

正手发网前球是以正手握拍，以正拍面击球，使球轻轻擦网而过，落在对方前发球线附近的一种发球。发网前球时，正手发网前球时站位稍靠前。握拍尽量放松，上臂动作要小，重心在左脚上，右脚跟提起。击球时，由前臂带动手腕使拍面从右向左斜切击球，控制用力，使球刚好贴网而过，落在对方前发球线附近。击球后，还原成准备姿势。

（2）正手发后场平高球

正手发后场平高球是以正手握拍，以正拍面击出飞行弧度较发后场高远球低的一种发球。发后场平高球时，运动员的站位与准备姿势以及引拍时的轨迹都与发高远球基本相同，只是在发平高球的瞬间前臂加速带动手腕发力，拍面稍向前上方推进，动作幅度比发高远球小。发球后，应迅速准备回击。

（3）正手发后场高远球

正手发后场高远球是用正手握拍，以正拍面将球击得又高又远，球飞行到对方的端线上空后突然改变方向，呈垂直下落至端线（底线）附近的一种发球。发后场高远球时，左手持球，自然弯曲置于胸前，右手持拍向右后上方摆起，身体重心前移，右脚跟提起，身体放松。左手放球使其下落，在右臂向前上方挥动的同时，右脚蹬地，腰腹向正前方转动。使下落的球与拍面在身体右侧前下方的交叉点碰触，球触拍面的中上部。击球瞬间，握紧球拍，闪动手腕，向前上方鞭打击球，在击球的同时，手臂随击球后的惯性自然往左肩上方挥起，身体重心也由右脚移到左脚。击球后，重心下沉，微屈双膝，随时准备回击对方的来球。

2. 反手发球

反手发球主要靠挥动前臂和伸腕闪动发力，具有动作小、出球快、动作一致性好、对方不易判断的特点。反手发球有反手发平球和反手发网前球两种情况。

（1）反手发平球

反手发平球时，球拍的挥动方向与反手发网前球一致，只要在击球的瞬间，抖动手腕，突然发力，拍面要有"反压"动作。

（2）反手发网前球

反手发网前球时，小臂带动手腕发力，球拍由后向前推送，拍面呈切削式击球，使球过网后急速下落至对方场区的前发球线附近。

（四）接发球技术

接发球是还击对方发过来的球，它与发球一样，都是羽毛球运动最基本的技术，在比赛中同样起着重要的作用。发球与接发球是一对矛盾，发球方想方设法发出各种不同弧线的球，以此来控制对方；而接发球方则以后发制人来达到反控制的目的。下面介绍一下接发球技术的站位、准备姿势以及接发来球的方法。

1. 站位

单打接发球站位应距前发球线约 1.5 米。在左发球区接发球，一般选择有效发球区域中心位置站位，能照顾到前后左右发来的各种落点球；在右发球区接发球，一般选择有效发球区域中心稍靠近中线的位置站位。

2. 准备姿势

左脚在前，全脚掌着地。右脚在后，前脚掌触地。双膝稍微弯曲，身体重心在左脚上。右手持拍自然举放在胸前，左手自然屈肘于左侧，保持身体平衡，两眼注视前方，判断对方的发球方向，准备接发球。

3. 接发来球

球路与变化直接关系到接发球技、战术的运用，因此接发球与发球一样在比赛中有着同样重要的作用。要想合理地运用各种接发球技术来达到反击的目的，首先要提高后场的击球能力。在单打比赛中多采用发高远球或平高球，可以用平高球、吊球或杀球还击。当对方发平快球时，可采用平高球、平推球、劈吊、劈杀还击，以快制快，掌握主动。也可用高远球还击，充分做好再次还击的准备，要加强预判能力，不能仓促击球，只要回球质量稍差，就可能遭受反击。当对方发网前球时，可用平高球、平推球、挑高球、放网前球还击，有机会还可以用扑球还击。发球抢攻是最常用的战术，要及早发现对方的意图，避强就弱，准确及时地应用放网和平推球还击，落点尽量远离对方的站位，限制对方进攻。遇到对方连续发球抢攻时，接发球一定要沉着、冷静，控制住球，尽可能减少让对方抢攻的机会。

（五）后场击球技术

后场击球技术包括击高远球、平高球、吊球和杀球，是一种主动进攻技术。

1. 击高远球

击高远球是将对方击至本方后场端线附近的球回击得又高又远，落至对方端线附近的一种球。它包括后场正手击高远球、头顶击高远球和反手击高远球三种击法。

（1）正手击高远球

首先要准确地判断出来球的方向和落点，迅速移动到位，使下落的球处于右肩的前上方，同时，侧身左肩对网，重心在右脚上，右臂屈肘自然举拍于右肩上方，左手自然高举，眼睛看球，待球下落到合理的击球高度时，右脚蹬地转髋，同时右臂以肩关节为轴，向前转动成肘关节朝前并高于肩部，拍头向下。球拍贴背与地面垂直，放松握拍。然后在蹬地、转体收腹的协调用力下，大臂带动小臂向前上方甩腕，在手臂伸直的最高点上击球，击球时重心向上。击球后，手臂顺惯性将球拍挥至腋下并收拍至体前，同时重心顺势向前，右脚自然向前跨出成准备姿势。

（2）头顶击高远球

头顶击高远球的击球点在头顶上方的部位。头顶高远球的动作要领与正手击高远球基本相同，只是击球点偏左肩上方或偏左后的位置。击球前，身体侧身向左倾斜稍后仰，球拍绕过头顶后，从左上方向前加速摆动。击球时，小臂内旋带动手腕突然发力形成鞭打将球击出。落地时，左腿向左后方摆动，顺着惯性向中心位置回动。

（3）反手击高远球

当球飞向左场区的底线附近，击球者用正手击球无法移动到位时则采用反手击高远球。首先要判断来球的方向和落点，迅速移动到位，右脚前交叉跨到左侧底线附近，背对网，重心移至右脚上，使球处于右肩的前上方。肘部上抬略高于肩，拍面朝上。击球时，以肘关节为支点，前臂带动手腕，通过手腕的抖动和拇指的侧压，自下而上甩臂将球击出。同时左脚支撑右脚蹬跨回收，使整个击球动作协调自然。击球后，顺势转体面向球网，迅速返回中心位置，准备还击。

2. 平高球

平高球是后场主要的进攻技术之一。后场击平高球技术同后场击高远球一样，也有正手、头顶和反手三种击球法。其动作要领与后场正手、头顶和反手击高远球技术的动作要领基本相同，不同之处是引拍、击球动作较高远球小而快，击球的瞬间应运用前臂内旋带动手腕的充分闪动，快速发力以比击高远球仰角稍小一些的正拍面将球击出。要求发力击球的时间更短，爆发力更强，突然性更大。

3. 吊球

吊球是从后场将球回击到对方网前区域（前发球线附近与球网之间）紧靠边线两角的近网小球，球的飞行弧度以球过网后迅速下落为宜。吊球技术分为正手、头顶和反手三种手法。

（1）正手吊球

击球准备和前期动作与正手击高球相同。只是击球时拍面稍向内倾斜，手腕作快速切削下压动作，击球托的后部和侧后部。若吊斜线球时，则球拍切削球托右侧并向左下方发力；若吊直线球，则拍面正对前方向下方切削。

（2）头顶吊球

头顶吊球准备动作与击头顶高球相同。只是击球时，击球点要稍靠前些，头顶吊直线球时，击球的瞬间前臂突然往前下方挥拍，球拍击球托的正中部位，使球朝直线方向飞行过网后即下落。头顶吊斜线球时，击球瞬间，前臂突然反腕往前下方挥拍，以斜拍面击球托左侧部位，使球向对角方向飞行过网后即下落。

（3）反手吊球

反手吊球准备动作同反手击高球相同，只是击球时，握拍的方法，拍面的掌握和力量的运用有所区别。吊直线球时，用球拍反面切削球托的后中部将球击出，落点在对方右场区前发球线附近；吊斜线球时，用球拍反面切削球托的左侧部将球击出，落点在对方左场区前发球线附近。

4. 杀球

杀球是在后场或中场争取尽量高的击球点，并全力将球由高点向下往地方中后场区扣压下去的一种技术。这里主要介绍后场杀球技术。

（1）后场正手杀球

准备姿势和动作要领同正手击高球，不同的是击球点的位置和最后用力的方向。首先要移动到位，侧身屈膝重心下降，准备起跳。起跳时，右肩上提，球拍上举。起跳后，右上臂经右后上摆，身体后仰呈反弓形在空中收腹用力，前臂全速往前上挥动，手腕充分后伸。击球时，前臂内旋，手腕快速闪动发力杀球。击球后，迅速回收球拍向中心位置回动。

（2）后场头顶杀球

后场头顶杀球技术的准备姿势、引拍动作及击球后的动作要领都与后场头顶击高远球技术相同，但是击球动作则与后场正手杀球技术动作要领基本相同，所不同的是，击球点偏在头顶前上方。击球时，如果是以正拍面向正前下方发力击球托中后部为头顶杀直线球；击球时，如果是以手臂带动手腕内旋，手指内转动球拍，用正拍面向右斜前下方击球托的稍左侧面后部为头顶杀斜线球。击球时拍面是正面击球，而不带任何切击动作，否则斜拍面击球，拍面与球摩擦，将会抵消击球的力量。

（3）反手扣杀球

反手扣杀球的准备动作与反手击高球相同，只是击球点较高远球靠前，力量较高远球大，击球时拍面的仰角较高远球小。击球前的挥拍用力要大，跳起后身体反弓加上手臂、手腕的延伸、外展的鞭打用力，可向对方的直或对角线的下方用力，击球瞬间球拍与扣杀球方向的水平夹角应小于90°。为了获得最大的击球力量，击球要靠左脚的蹬力和腰腹力、肩力以及上臂带动前臂由外旋至内旋快速闪动。屈指发力用反拍的正拍面击球托的后部。击球瞬间拍面向正前下方压为反手杀直球，击球拍面向斜前下方压则是反手杀斜线球。

竞赛篇

第八章
健身健美竞赛概况

第一节　我国健身健美竞赛发展概况

一、自发竞赛阶段

1944 年，上海举办了第一届"上海市男子健美比赛"，这是中国历史上第一次真正意义上举办的竞技健美赛事。在规则上，没有设立分组竞赛。运动员通过三个自选动作分别对身体正面、侧面、背面进行形体展示，通过专家评分进行竞赛排名。这一竞赛的举办，在江浙沪地区引起了较大的反响，也使得健身健美运动在中国进一步传播。1983 年 6 月，第一次全国性的健美比赛——第一届"力士杯健美邀请赛"在上海成功举办，共有来自全国 9 个城市的近 40 名男运动员参赛。随后在广州、北京和深圳举办了第 2 届、第 3 届和第 4 届"力士杯"健美比赛。1986 年，国家体委（国家体育局前身）决定从第 5 届"力士杯健美邀请赛"开始将其改名为全国健美锦标赛，这一赛事举办至今。但在这一时期，我国健身健美运动仍处于较低的发展水平。首先，没有相关的运动管理协会，运动发展与国际脱轨。其次，在竞赛方面没有成体系的标准与相应裁判人才。我国还没有专职的教练及完善的训练体系。直至 20 世纪末中国健美协会的出现，开始对我国健身健美运动进行统筹协调，健美赛事的相关竞赛规定才逐渐明晰。由于我国的特殊情况，职业健身健美并非自下而上的构建，中国健美协会在这一发展过程中起到了举足轻重的作用。随着中国健美协会主导的各类赛事不断举办，我国的健身健美运动员不断涌现。并通过赛前召集健美运动员组建国家队，通过赛前集训的方式参与各类国际性赛事。此时，我国健身健美运动员还没有明确的职业属性，并偏向于专业运动员的特征。部分优秀运动员依附于国家队，通过有组织的训练、参赛等非市场化活动开展自己的运动员生涯。由于当时我国的经济条件限制，且自主系统训练参赛所需的资金过高、相关产业活性不足、竞赛体制不完善，使得国家体制外的健身健美运动员难以专职地从事相应的职业活动，绝大多数运动员都从事着其他行业的工作。

二、计划管理阶段

1986 年，国家体委牵头成立了中国举重协会健美委员会。该委员会在中国举重协会的领导下，以当时我国健美运动最具声望的赵竹光先生为顾问，曾维棋为主任，古桥为秘书长。1992 年，在国家体委的统筹下，取消了中国举重协会健美委员会，成立了中国健美协会（CBBA）。随即统筹各省市的健美协会纷纷成立。此后我国健美运动有了独立的项目协会，并扩大到全国范围。这对于我国健美竞赛场地、活动等方面产生了极大的促进和统筹作用。中国举重协会健美委员会成立一年后，我国健美运动竞赛规范便迎来了突破。1987 年，国家体委召集相关的专业人员，参考国际健美竞赛标准以及结合过去我国健美竞赛的规则特点，发布了《健美竞赛规则（试行）》。这是当时我国唯一正式公布的健美竞赛评判标准，对于我国健美运动竞赛规范具有划时代的意义。随后在 1997 年、2002 年、2009 年、2012 年、2015 年进行了 5 次修正更新。1994 年，上海成功举办了第 48 届世界业余男子健美锦标赛，这也是中国第一次承办的国际级别的男子健美赛事。这对于我国健美运动员的成长以及健美运动的传播提供了极大的助力。随后，杨新民、钱吉成、王力劲、秦承勇、刘兴刚、梁月云、张萍等一大批健美运动员脱颖而出。其中，我国健美名将钱吉成在 2005 年于上海举办的第 59 届世界健美锦标赛获得男子健美 60 公斤级冠军，在 2006 年第 15 届多哈亚运会上获得男子健美 60 公斤级冠军，取得了我国第一个世界健美冠军以及我国第一个亚运会健美冠军的双料突破。优秀运动员的涌现使得我国在竞技健美上获得了一定的成绩，并且影响了一大批国内健美爱好者。国家体育总局于 2003 年推行了《全国运动员注册与交流管理办法（试行）》（体竞字〔2003〕82 号）。中国健美协会根据此运动员管理办法于 2005 年推行了《全国健美运动员注册与交流管理办法实施细则（试行）》。此管理办法的出台，使得我国在制度层面规定了对健身健美运动员实施管理的各项要求。这一阶段，由中国健美协会牵头举办的全国级别的健身健美锦标赛、公开赛成为我国顶级健身健美运动员主要的竞技舞台。另外，中国健美协会承担一部分的国际竞赛任务，包括以国家队为单位的全运会等洲际、国际级大赛以及 IFBB（国际健美健身联合会）和 AFBF（亚洲健身健美联合会）主办的健身/健美锦标赛。我国运动员开始有组织、有计划地参与国家级、洲际级、国际级的健身健美大赛。这对于提升我国健身健美运动员水平，促进我国运动员与国际交流等方面提供了极大的帮助。这些大赛的有序组织，使得我国健身健美运动员能够合理地安排训练与参赛时间，更加有计划性地开始自己的运动员生涯。虽然此类竞赛等活动不属于职业赛事范畴，但直接促进了这一批专业健身健美运动员及相关赛事活动的发展，为今后我国职业健身健美运动打下了稳固的地基。

三、职业化发展阶段

随着我国健身健美选手实力的不断增长，越来越多的健身健美运动员开始专职从事健身健美运动。越来越多的健身健美赛事也开始设立职业组的比赛，从竞赛组织、运动员水平与培养方式上来说，与职业健身健美十分贴近，但在赛事角度方面尚未将业余组与职业组进行分离。对于这些职业组的选手来说，盈利方式和职业经历参差不齐，不符合职业运动员的概念属性，最终导致不能将这些运动员与赛事活动纳入职业范畴，但健身健美赛事的职业化趋势已极为明显。在级别上，主要有以下几个分类：

（1）由俱乐部等小团体举办的省市级健身健美比赛；

（2）由大型俱乐部、企业、中国健美协会举办的省市级别健美比赛；

（3）由大型俱乐部、企业、中国健美协会举办的全国级别健身健美比赛；

（4）由企业、中国健美协会举办或承办的国际级健身健美比赛。

其中，如吉成之夜、健美黄金联赛等一众新兴健身健美赛事取得了极大的影响。在竞技项目方面，也发生了较大的变化。国际上一些新兴竞赛组别开始显现并正式加入健身健美竞赛当中。以 IFBB（国际健美健身联合会）新增项目的时间为国际标杆，于 1995 年增加了健身小姐组别与古典健美组别，加入了 1995 年的奥林匹亚先生大赛并单独举办了奥林匹亚健身小姐大赛；于 2003 年增加了女子形体组别，并以女性运动员从事健美组别的健康、不符合女性的体态美感等原因取消了女子健美组别；于 2010 年增加了女子比基尼组别；于 2013 年增加了男/女子健体组别；于 2015 年增加了男子古典健体组别。正是由于国际健身健美竞赛项目的不断变化，中国健美协会于 1997 年的竞赛规则中增加了健身小姐项目，成为亚洲第一个引入该项目的国家，并于 2002 年的竞赛规则中增加了健身先生项目；于 2009 年的竞赛规则中增加了男子/女子体育健身模特项目和男子/女子形体项目；于 2015 年的竞赛规则中增加了男子/女子健体项目比基尼小姐项目，并取消了国内的女子健美项目。

第二节　健身健美竞赛通则

一、运动员比赛相关事宜

（一）竞赛内容

健身健美竞赛包括健美比赛、健体比赛、形体比赛、健身比赛、健身比基尼比赛及健身模特比赛等。

（二）规则适用的比赛

（1）全国性比赛：锦标赛、公开赛、邀请赛（包括在中国境内举行的国际邀请赛）、冠军（精英）赛、综合运动会的健美健身比赛、其他交流性质的比赛。

（2）各省、自治区、直辖市、计划单列市、各行业体协，新疆生产建设兵团，各军兵种、区域性或地区等比赛。

（3）其他在中国健美协会备案的比赛。

（三）组织比赛授权

中国健美协会对全国性健身健美竞赛活动负责管理和组织，所有全国性及跨省市举办的健身健美竞赛活动由中国健美协会进行竞赛组织工作的协调和备案，中国健美协会可提供技术支持。比赛的名称必须与实际内容一致，中国健美协会主办或作为主办单位之一的赛事，其名称可以使用"中国""全国""国家""中华"字样或具有类似含义的词汇。未经相关部门确认，其他赛事名称不得使用以上字样或具有类似意义的词汇。未经相应的国际组织确认，赛事名称不得冠以"世界""亚洲"字样或具有类似含义的词汇。赛事主办、承办单位应增强权利保护意识，主动办理商标、专利、著作权等知识产权手续，通过合法手段保护赛事名称、赛事品牌，避免同名赛事。省、自治区、直辖市、计划单列市、各行业体协，新疆生产建设兵团，各兵种、区域协会有权组织省、自治区、直辖市、计划单列市、各行业体协，新疆生产建设兵团，各兵种、区域、地区锦标赛和其他被认为必要的辖区内比赛。

（四）参加比赛要求

在中国健美协会注册的运动员须按竞赛规程的要求参加比赛。运动员在参加未获得中国健美协会或属地协会认可的比赛的同时即失去参加本规则适用的比赛的资格。

（五）运动员注册和交流

按照中国健美协会运动员注册和交流管理办法进行注册和交流，并签署"运动员代表资格协议书"，签署"运动员代表资格协议书"的运动员有权代表甲方单位参加中国健美协会组织的各类比赛。获得代表资格的运动员必须避免与被中国健美协会禁赛的任何运动员、教练员和相关成员一起参加健美健身活动。任何违反本条款的行为都将面临终止中国健美协会代表和参加比赛资格，以及相关处罚。

二、运动员参赛资格

（一）资格获得

承认中国健美协会章程、在中国健美协会注册的团体运动者和运动员，无使用兴奋剂违规记录。

（二）参赛限制

（1）在中国健美协会或地区协会管辖下、符合竞赛规则规定的参赛运动员才有资格参加本规则规定竞赛体系内的比赛。

（2）协会或相应管理组织确保运动者或运动员参赛的有效资格。

（3）任何协会规定中制定的有关运动员资格的规定，必须符合本规则关于"参赛运动员"的界定，如有冲突，则以中国健美协会所审定的竞赛规则的规定为准。

（三）失去参赛资格

（1）根据中国健美协会或地区协会规定，被暂停或宣布为失去参赛资格的运动员。

（2）与被中国健美协会禁赛的人员一起参加非中国健美协会举办的比赛或健美健身活动，包括但不限于表演赛、担任教练、裁判员、训练、讲学、接受私人和公开采访等；或参加处于暂停资格的协会或组织在其辖区内举办的比赛。

（3）参加未经中国健美协会和相关管理机构批准、承认或认可的任何健美健身比赛。

（4）违反《反兴奋剂管理办法》的运动员。

三、赛事官员组成

（一）仲裁委员会

仲裁委员会由3或5名仲裁成员组成。其中，设仲裁主任1人，其余人员为委员。仲裁委员会委员一般由主办单位选派。仲裁委员会组成人员应来自不同地区，在本项目领域具有一定的威望和权威。仲裁委员会的基本职责是处理竞赛活动中发生的抗议或申诉。仲裁过程实行回避原则。

（二）技术代表

在必要的情况下，各级赛事应该设置技术代表岗位，技术代表由中国健美协会或赛事属地上级协会或组织委派。在赛事组委会提供一切必要帮助的前提下，技术代表应与组委会共同保证赛事全部技术性安排完全符合中国健美协会审定的竞赛规则的规定。技术代表应保证在技术会议上或在赛前的适当时间向所有参赛选手确认和传达竞赛技术规定，并进行必要的竞赛技术培训。人员之间配合，与组委会保持联系，确保竞赛的规范运行。

（三）竞赛官员

在技术代表的配合下，负责技术问题，规划竞赛的技术组织，保证技术组织计划在相关场合得到贯彻。检查竞赛工作人员岗位履行情况、协调竞赛工作人员之间配合，与组委会保持联系，确保竞赛的规范运行。

（四）裁判委员会

1. 赛事组委会

应根据比赛的规模和规格成立裁判委员会或裁判组，裁判工作人员一般由以下人员组成：

裁判长 1 人；

副裁判长 1～3 人；

裁判长助理 1～2 人；

评分裁判员 9～21 人，后备裁判若干人；

记录长 1 人；

记录裁判员 2～4 人；

检录长 1 人；

检录裁判员 4 人（其中至少有 1 名女性裁判员）；

计时裁判员 1 人；

放音裁判员 1～2 人；

宣告裁判员 1～2 人。

裁判委员会或裁判组组成人员应来自不同地区。

2. 裁判员资格

裁判员必须具有等级资格，遵守中国健美协会《裁判员纪律规定》。领队、教练人员不得同时担任裁判工作。

3. 裁判员着装

裁判员必须按规定着装和佩戴相应等级的裁判员标志。违反着装规定者不得执行裁判工作。

4. 裁判员的着装要求

（1）男装：蓝色西装外套（左胸佩戴等级裁判员胸徽）；淡蓝色或白色衬衫；裁判员徽章配套领带；灰色正装长裤；黑色袜子；黑色正装皮鞋。

（2）女装：蓝色西装外套（左胸佩戴等级裁判员胸徽）；淡蓝色或白色女装衬衫；裁判员徽章配套领带；灰色裙子或灰色正装长裤；黑色正装皮鞋。

（3）特殊情况下可以穿着统一款式的休闲装：例如，左胸印有专用标志的短袖衬衫或T恤衫。

（4）各岗位裁判员应佩戴易于识别的标志或身份牌。

5. 裁判员行为注意事项

进入临场席位后，全体裁判员必须遵守相关守则，一旦出现下列情况，相关裁判员将被暂停临场裁判工作：

（1）与其他裁判员（们）进行谈话。

（2）试图影响其他裁判员（们）的评分评价决定。

（3）在执裁进行过程中拍照。

（4）指导比赛运动员。

（5）在违禁药品、毒品或酒精的影响下执裁，或在执裁时候饮用含酒精饮料。

四、比赛项目及分组

（一）比赛项目

（1）健美（Bodybuilding）。按年龄分成 3 个组别，即青年组、成年组、元老组。青年男子组：18 周岁（含）至 23 周岁以下（含）；成年男子组：50 周岁以下（不含 50 周岁）；男子元老组：50 周岁以上（含 50 周岁）；混合双人组。

（2）古典健美。

（3）健体（Physique）。包括男子健体与女子健体。

（4）健身。包括男子健身与女子健身。

（5）形体比赛。

（6）健身比基尼。

（7）健身模特。包括男子健身模特与女子健身模特。

（二）比赛分组

1. 健美（按体重划分级别）

（1）青年男子组

①75 公斤以下级：≤75 公斤；

②75 公斤以上级：>75 公斤。

（2）成年男子组

①60 公斤级：≤60 公斤；

②65 公斤级：>60 公斤，≤65 公斤；

③70 公斤级：>65 公斤，≤70 公斤；

④75 公斤级：>70 公斤，≤75 公斤；

⑤80 公斤级：>75 公斤，≤80 公斤；

⑥85 公斤级：>80 公斤，≤85 公斤；

⑦90 公斤级：>85 公斤，≤90 公斤；

⑧90 公斤以上级：>90 公斤。

2. 男子古典健美（按身高、体重划分）

（1）A 组：身高 165 cm（含）以下；体重（kg）≤［身高（cm）-100+0（kg）］；

（2）B 组：身高 165.01 cm～168 cm（含）；体重（kg）≤［身高（cm）-100+1（kg）］；

（3）C 组：身高 168.01 cm～171 cm（含）；体重（kg）≤［身高（cm）-100+2（kg）］；

（4）D 组：身高 170.01 cm～175 cm（含）；体重（kg）≤［身高（cm）-100+4（kg）］；

（5）E 组：身高 175.01 cm～180 cm（含）；体重（kg）≤［身高（cm）-100］+6（kg）］；

（6）F 组：身高 180.01 cm～190 cm（含）；体重（kg）≤［身高（cm）-100+8（kg）］；

（7）G 组：身高 190 cm 以上；体重（kg）≤［身高（cm）-100］+9（kg）］。

3. 健体（按身高划分组别）

（1）女子健体

①A 组：身高 158 cm 以下（含）；

②B 组：身高 158.01 cm～163 cm（含）；

③C 组：身高 163.01 cm 以上。

（2）男子健体

①A 组：身高 175 cm（含）以下；

②B 组：身高 175.01 cm～178 cm（含）；

③C 组：身高 178.01 cm 以上。

4. 女子形体（按身高划分组别）

（1）A 组：身高 163 cm（含）以下；

（2）B 组：身高 163.01 cm 以上。

5. 健身

（1）男子健身（按身高、体重划分组别）

①A 组：身高 168 cm（含）以下，体重（kg）≤ ［身高（cm）−100］+0 kg；

②B 组：身高 168.01 cm～171 cm（含），体重（kg）≤ ［身高（cm）−100］+1 kg；

③C 组：身高 171.01 cm～175 cm（含），体重（kg）≤ ［身高（cm）−100］+2 kg；

④D 组：身高 175.01 cm～180 cm（含），体重（kg）≤ ［身高（cm）−100］+4 kg；

⑤E 组：身高 180 cm 以上，体重（kg）≤ ［身高（cm）−100］+5 kg。

（2）女子健身（按身高划分组别）

①A 组：身高 163 cm（含）以下；

②B 组：身高 163 cm 以上。

6. 健身比基尼（按身高划分组别）

（1）A 组：160 cm（含）以下；

（2）B 组：160.01 cm～163 cm（含）；

（3）C 组：163.01 cm～166 cm（含）；

（4）D 组：166.01 cm～169 cm（含）；

（5）E 组：169.01 cm～172 cm（含）；

（6）F 组：172 cm 以上。

7. 健身模特（按身高划分组别）

（1）男子健身模特

①A 组：173 cm～176 cm（含）；

②B 组：176.01 cm～180 cm（含）；

③C 组：180.01 cm～183 cm（含）；

④D 组：183 cm 以上。

（2）女子健身模特

①A 组：162 cm～165 cm（含）；

②B 组：165.01 cm～168 cm（含）；

③C 组：168 cm 以上。

五、比赛通则

（一）比赛场地

健美、健体、形体、健身、健身比基尼、健身模特比赛对场地的要求如下所示。

1. 赛台

（1）健美比赛、健体比赛、形体比赛、健身比赛、健身比基尼比赛以及健身模特等时尚健身项目比赛均应在赛台上进行。

（2）赛台根据比赛规模设计，通常情况下长度不少于 16.0 米，宽度不少于 10.0 米，台面距离地面高度为 0.8～1.0 米。赛台可设在剧院舞台，或搭建在体育场馆以及其他合适的场所内。

（3）赛台上可设置造型表演台，长度不少于 9.0 米，宽度不少于 1.2 米，高度不高于 0.3 米。

（4）赛台和表演台上必须稳固平整地铺置灰色地毯。

（5）台面上须设有相应竞赛项目的规定行走路线及定点造型位置的提示标志。

2. 背景

（1）赛台应设置体现赛事主题的背景。赛台背景应采用自然、不炫目的色彩，如深蓝色或黑色，赛台图案、舞美不可干扰运动员展示。

（2）赛台背景的高度不低于 6.0 米，宽度不少于 16.0 米。

（3）背景上必须显示主办机构的会徽和赛事名称。

（4）背景上可以显示赛会的会徽，距离背景板上沿 2 米。

3. 音响

（1）音响系统设置于运动员入场处同侧，并保证能够高质量地放音。

（2）赛事至少提供 3 个无线话筒、1 个无线耳麦和 8 部对讲机。

4. 灯光

（1）赛台光照必须均匀。

（2）赛台和背幕不得有重影。

（3）使用暖色灯光，光照度不得低于 4 500 lux。

（4）赛台灯光布局注意事项：

①"前上光""底光"照射与比赛台面的角度为 45°。

②"侧上光"照在比赛中心的角度为 45°。

③"背景底光"向上照在背景帷幕上。

④"顶光"照在比赛台面的角度为 90°。

⑤"背景光"照在背景徽标上。

如果条件许可，灯光光源布置应满足"前上光"20 盏，"底光"6 盏，"侧上光"左右各 15 盏，"背景底光"6 盏，"顶光"21 盏，"背景光"6 盏等条件。前上光、顶光不得有色片。为增加舞台效果，其余灯光可适当增加橘黄色、蓝色和红色光片。在表演赛中，赛台灯光可以视需要设计。

5. 裁判员工作席位

（1）裁判员工作席位前无任何遮挡物。

（2）裁判员和记录组的工作席位必须与观众席分隔。

（3）裁判工作桌位于赛台中央的正前方，距赛台前沿不得少于 6.0 米，工作桌上应依次放置双面显示的裁判员席位号。

（4）替补裁判员的席位应安排在临场裁判员的后面或一端。

（5）记录组的席位应位于评分裁判员席位的一端，且靠近比赛主持人的地方。

（6）裁判长及助理的席位在裁判员席位中间位置。

6. 媒体工作区

媒体工作区域应设置在不影响裁判员与观众视线的地方。

7. 运动员热身、检录区

（1）在热身、检录区域内必须配置供运动员赛前热身活动的器材、化妆镜。

（2）检录、热身活动区域和后场至前场通道必须铺设地毯，在墙上布置遮挡油彩的塑料薄膜。

8. 量具

（1）在体重称量室和运动员的住地必须配置相同式样的电子人体秤。

（2）在身高丈量室和运动员的住地必须配置相同式样的标准身高量具。

（二）比赛领（组）别测量、确认

1. 称量体重

（1）健美

①称量体重的时间：运动员必须在规定的时间内持注册证进行称量体重，未能在规定时间内称量体重的运动员将失去参赛资格。

②运动员称量体重时，必须穿比赛服装。比赛服装经裁判长及助理检查合格后，方可称量体重。

③称量体重按照竞赛规程中各组级别设置顺序进行。

④运动员体重与原报名级别不符时，允许在30分钟内反复多次称量，若在规定时间内未达到规定体重，该运动员则失去该级别的参赛资格。

⑤称量体重时，运动员的体重超过原报名级别时，若本人自愿，可申请参加上一级别的比赛，但不得越级参赛。

⑥称量体重时，运动员的体重与原报名级别相符时，不得申请改变参赛级别。

（2）古典健美

丈量身高与称量体重应在同一时段进行。身高和体重须同时符合级别标准规定。测量时间、方法及要求同健美。

2. 丈量身高

健体、形体、健身、健身比基尼、健身模特比赛须丈量身高确定组别，时尚健身比赛可根据项目特点进行。

（1）运动员须在规定的时间内丈量身高，未能在规定时间内丈量身高的运动员失去参赛资格。

（2）运动员丈量身高时，须着形体轮赛服，赤足。比赛服装、鞋和道具等须经裁判长及助理检查合格后，方可进行身高的丈量。

（3）丈量身高的顺序为：先女后男，先低后高。

（4）若运动员身高丈量结果与报名组别不同，则其参赛组别须以身高丈量的实际结果为准。

（三）抽签

（1）参赛号码牌应在称量体重、丈量身高合格后，由运动员本人抽取。

（2）比赛时，运动员应将号码牌佩戴在赛裤的左上方（混合双人的两位运动员号码相同），无号码牌的运动员失去参赛资格。

（3）号码牌须用直径 10.0 厘米的圆形白色 PVC 树脂材料制作，号码以黑体阿拉伯数字显示。

（四）运动员着色

健美比赛、古典健美比赛、健体比赛、形体比赛、健身比赛、健身比基尼、身模特比赛以及时尚健身的形体比赛环节，运动员可以进行肤色妆饰，肤色、妆饰须严格按照以下规定：

（1）允许使用人工色剂，但着色须自然、不易擦拭，不得有任何勾画。必须使用喷射状液态着色剂。

（2）严禁在身体上涂抹闪亮片、发光金属色闪光粉。

（3）允许擦抹适量的身体用油、植物油、护肤霜或保湿乳液。

（五）比赛程序

根据参赛人数进行预赛、半决赛、决赛。

1. 预赛

各单项每级（组）别参赛运动员超过 15 名时，须先进行预赛，选出 15 名运动员进入半决赛。

2. 半决赛

各单项每级（组）别参赛运动员人数超过 6 名但不超过 15 名（含15 名）时，将进行半决赛，前 6 名运动员进入决赛。

3. 决赛

各单项每级（组）别参赛运动员不超过 6 名（含 6 名）时，直接进行决赛。

（六）赛中限制

（1）运动员在赛台上不能咀嚼口香糖或食物。

（2）运动员在赛台上不能喝水或饮用其他液体。

（3）禁止运动员在赛台上为了展示臀大肌而提拉赛裤。

（七）计分与名次排定办法

1. 预赛

统计临场评分裁判员选出的各级（组、队）别的前 15 名运动员进入半决赛，如在第 15 名的排位上有 2 名或 2 名以上运动员的入选次数相等时，则须避行比较法，直至选定。

2. 半决赛

（1）同级（组）别排名分值少的前 6 名运动员（队）进入决赛。

（2）健美、古典健美、健体、形体、健身比基尼项目出现排名分值相等时，小分值多者名次列前。

（3）健身：形体轮与运动特长轮得分之和即为半决赛得分，得分少者名次列前。出现得分相等时，以形体轮比赛小分值多者名次列前。

（4）健身模特：形体轮得分与运动服装轮得分之和按6∶4比例相加即为半决赛得分，得分少者名次列前。出现得分相等时，以形体轮比赛小分值多者名次列前。

3. 决赛

（1）按每名运动员在各轮比赛中的排名分相加得决赛排名分。排名分值低者名次列前。

（2）健美、古典健美、女子健体项目规定动作轮与自选动作轮排名分按2∶1的比例相加即得比赛排名分。按决赛排名分的多少排定运动员名次，决赛排名分分值低者名次列前。如排名分相等，以规定动作小分值多者名次列前仍相等，以决赛中自选动作小分值多者名次列前；若再相等，则以半决赛中小分值多者名次列前。不得出现并列名次。

（3）健身项目将形体、运动特长表演和晚装展示轮比赛累计排名分按5∶4∶1的比例相加即得决赛排名分。按决赛排名分排定运动员名次，决赛排名分分值低者名次列前。若排名分相等，则以决赛中的形体轮得分低者名次列前，若再相同，则以形体轮小分值多者名次列前，再相同，以运动特长轮得分值低者名次列前。依次类推。不得出现并列名次。

（4）形体、男子健体、健身比基尼项目按决赛排名分排定运动员名次，决赛排名分分值低者名次列前。如排名分相等，以在决赛中小分值多者名次列前。不得出现并列名次。

（5）健身模特项目将形体、运动服装轮和华服展示轮比赛累计排名分按4∶3∶3的比例相加即得决赛积分。按决赛排名分排定运动员名次，决赛排名分分值低者名次列前。若排名分相等，则以决赛中的形体轮得分低者名次列前，若再相同，则以形体轮小分值多者名次列前，再相同，以运动服装轮得分值低者名次列前。依次类推。不得出现并列名次。

第九章
健身健美竞赛项目介绍

第一节　健　美

一、比赛程序及内容

（一）预赛

（1）运动员按签号顺序入场，在裁判员的引领下站位。

（2）按签号顺序，依次以不超过 8 名运动员为一组进行四个规定动作的比赛，四个规定动作为前展双肱二头肌、侧展胸部、后展双肱二头肌、前展腹部和腿部。

（二）半决赛

（1）运动员按签号顺序依次入场，介绍运动员，在裁判员的引领下站位。

（2）按签号顺序，每组不超过 8 名运动员站在赛台中央，集体做四个规定动作：前展双肱二头肌、侧展胸部、后展双肱二头肌、前展腹部和腿部。

（3）比较评分：根据裁判员提名，排名前 5 名、第 6 至 10 名以及第 11 至 15 名的运动员面向裁判员进行规定动作的展示与评比。每组参与比较评分的运动员不能少于 3 人，不得多于 8 人。

（4）男子规定动作为前展双肱二头肌、前展双背阔肌、侧展胸部、后展双肱二头肌、后展双背阔肌、侧展肱三头肌及前展腹部和腿部。

（5）女子规定动作为前展双肱二头肌、侧展胸部、后展双肱二头肌、侧展肱三头肌、前展腹部和腿部。

（6）男、女混合双人规定动作为前展双肱二头肌、侧展胸部、后展双肱二头肌、侧展肱三头肌及前展腹部和腿部。

（7）全体选手按号序站成一行，退场。

（三）决赛

（1）参加决赛的运动员按签号入场，逐个介绍运动员，做七个规定动作及集体不定位自由造型之后退场。集体不定位自由造型时间为 30～60 秒。

（2）运动员按签号顺序逐个入场，在自选音乐的伴奏下进行自选动作的比赛。

二、比赛着装

（1）男运动员应穿着单色、无光泽、不透明、清洁、得体的健美三角赛裤。赛裤的颜色、面料、质地以及样式自选。赛裤须覆盖臀部的四分之三及整个下腹部。三角赛裤侧面定度不小于 1.0 厘米。三角赛裤上任何部位禁止使用衬垫和附加饰物。

（2）女运动员应着单色、无光泽、不透明、清洁、得体的分体后交叉式比基尼赛服。赛服的颜色、面料、质地以及样式自选。赛服必须能够展现腹部及背部的肌肉，赛服必须覆盖住臀部的二分之一和所有正面部位。赛服任何部分禁止使用衬垫和附加饰物。

（3）比赛时禁止穿鞋。

（4）比赛时禁止佩戴框架式眼镜、手表、镯类、项链、耳环、假发以及人造指甲等装饰物、装饰品。

（5）比赛中禁止使用道具。

（6）比赛中，头发可以做造型或垂至肩部，但不得遮住肩部和上背部的肌肉。

（7）严禁进行任何改变身体、肌肉形态的固体和液态的义体植入。

（8）男、女运动员比赛服装的规定适用于混合双人比赛。混合双人比赛的配对运动员服装的颜色、料质必须一致。

三、技术标准及评判标准

（一）规定动作技术标准及评判标准

1. 前展双肱二头肌（图 9-1）

（1）技术标准

面向裁判员，两腿开立，身体重心移至支撑腿。吸腹成空腔，抬起两臂，弯曲肘部略高于肩，两手握拳，屈腕，用力收缩双侧肱二头肌及全身肌肉。

（2）评判标准

①肌肉质量、整体发达程度以及尖峰高度。

②肌肉清晰度、分离度明显。

③肱二头肌与身体其他各部位肌群发展均衡、协调。

图 9-1

④整体造型规范、美观。

2. 前展双背阔肌（图 9-2）

（1）技术标准

面向裁判员，双脚平行站立。吸腹成空腔，两手握拳分开拇指叉按于腰部，用力扩展双侧背阔肌并收缩全身肌肉。

（2）评判标准

①肌肉宽阔、厚实，力度感强，形状美观。

②肌肉整体呈"V"字形状，清晰度明显。

③与身体其他部位肌群发展均衡、协调。

图 9-2

④整体造型规范、美观。

3. 侧展胸部 （图 9-3）

（1）技术标准

侧向（以右侧为例）裁判员站立，右腿弯曲，前脚掌着地，右手紧握拳，左手握住右手腕，屈肘，吸腹挺胸，用力收缩胸部、小腿及全身肌肉。

（2）评判标准

①胸大肌宽阔、厚实，力度感强，形状美观。

②肌肉分离度、清晰度明显。

③与肩部、肱二头肌、大腿、小腿肌群发达程度一致，比例协调。

④整体造型规范、美观。

图 9-3

4. 后展双肱二头肌 （图 9-4）

（1）技术标准

背向裁判员站立，两腿开立，单腿屈膝后移，前脚掌点地。抬起两臂，弯曲肘部略高于肩，两手握拳，屈腕，用力收缩双侧肱二头肌及全身肌肉。

（2）评判标准

①肱二头肌尖峰明显，轮廓清晰，形态美观。

②与肱肌、肱三头肌、三角肌间分离度明显。

③背面相关肌群高度发达、均衡。

④整体造型规范、美观。

图 9-4

5. 后展双背阔肌（图9-5）

（1）技术标准

背向裁判员，双脚平行站立。吸腹含胸，两手握拳分开拇指叉按于腰部，用力扩展双侧背阔肌并收缩全身肌肉。

（2）评判标准

①背阔肌宽阔、厚实，质量高，下缘清晰。

②背阔肌呈"V"字形状，肌肉均衡、协调，形状美观。

③相关肌群发达、均衡，线条清晰，形态完美。

④整体均衡，造型规范、美观。

图9-5

6. 侧展肱三头肌（图9-6）

（1）技术标准

侧向（以右侧为例）裁判员站立，左侧腿部微屈膝、支撑身体重心，右腿屈膝后移，前脚掌撑地。左臂垂于体侧，右手经体后握住左手（腕），用力收缩肱三头肌及全身肌肉。

（2）评判标准

①肱三头肌整体发达，与三角肌分离度清断，形状美观。

②相关肌群发达、均衡，线条清晰，形态完美。

③整体协调，造型规范、美观。

图9-6

7. 前展腹部和腿部（图 9-7）

（1）技术标准

面向裁判员站立，单腿前伸或平行站立，身体重心置于另一条腿或双腿，略微屈膝，双手置于头后，用力呼气，压缩腹部，收缩腿部及全身肌肉。

图 9-7

（2）评判标准

①腹直肌、腹外斜肌发达，块全清晰、突出。

②大腿肌肉发达、饱满，肌肉分离度清晰。

③身体各部位肌群发展均衡。

④整体造型规范、美观。

（二）自选动作比赛规定及评判标准

1. 比赛技术规定

是由各种造型动作组成的配乐动作组合。动作数量不限，但须包括全部规定动作，造型动作要有停顿，动作衔接应自然、流畅。

2. 比赛时间

男子个人为 60 秒；混合双人为 90 秒。

3. 音乐

运动员抽签时提交光盘或信息完全的通用格式音频文件，光盘或文件中只应录存一首音乐。无自备音乐的运动员由大会提供备用音乐。集体不定位自由造型音乐由大会提供。音乐中禁止使用亵渎、低俗或辱骂性语言。

4. 评判标准

动作编排主题突出，配乐感染力强，动作完整、规范、流畅，形体展示艺术性强，富有节奏感和美感。

第二节　古典健美

一、比赛程序及内容

（一）预赛

（1）运动员按签号顺序入场，在裁判员的引领下站位。

（2）按签号顺序，依次以不超过 8 名运动员为一组进行四个规定动作的比赛，四个规定动作为前展双肱二头肌、侧展胸部、后展双肱二头肌、前展腹部和腿部。

（二）半决赛

（1）参加半决赛的运动员按签号顺序入场，介绍运动员。

（2）运动员呈单行并按签号排列，自然站立，做四个转体。运动员分成人数相等或接近的两组分别站在赛台的两侧，赛台中间空出。

（3）按签号顺序，提请每组不超过 8 名运动员站在赛台中央，集体做前展双肱二头肌、侧展胸部、后展双肱二头肌、前展腹部和腿部动作。

（4）比较评分：根据裁判员提名，排名前 5 名、第 6 至 10 名以及第 11 至 15 名的运动员面向裁判员进行规定动作的展示与评比。每组参与比较评分的运动员不能少于 3 人，不得多于 8 人。比较评分内容为四次向右转体和七个规定动作（前展双肱二头肌、前展双背阔肌、侧展胸部、后展双肱二头肌、后展双背阔肌、侧展肱三头肌及前展腹部和腿部）。

（5）全体运动员按号序站成一排，退场。

（三）决赛

（1）运动员按签号入场，介绍运动员。

（2）运动员依次进行四次向右转体和前展双肱二头肌、前展双背阔肌、侧展胸部、后展双肱二头肌、后展双背阔肌、侧展肱三头肌及前展腹部和腿部动作。交换站位，再次进行四次向右转体和七个规定动作。

（3）在规定动作后集体做 30～60 秒不定位的自由造型表演。

（4）运动员按签号顺序逐个入场，在自选音乐的伴奏下进行自选动作的比赛。

二、比赛着装

（1）运动员应穿着单色、无光泽、不透明、清洁、得体的健美三角赛裤。赛裤的颜色、面料、质地以及样式自选。赛裤须覆盖臀部的四分之三及整个下腹部。三角赛裤侧面宽度不小于 1.0 厘米。三角赛裤上任何部位禁止使用衬垫和附加饰物。

（2）比赛时禁止穿鞋、袜。

（3）比赛时禁止佩戴框架式眼镜、手表、手链、项链、耳环等装饰物、装饰品。

（4）比赛中禁止使用道具。

（5）严禁进行改变任何身体、肌肉形态的固体和液态的义体植入。

三、技术标准及评判标准

（一）四个向右转体技术标准及评判标准

1. 技术标准

运动员自然站立，吸腹挺胸，头部正直，两眼平视前方，两臂自然下垂于体侧，身体各部位肌肉不得过度收缩，从前、左、后、右四个方位展示体型（图 9-8 至图 9-11）。

图 9-8

图 9-9

图 9-10

图 9-11

2. 评判标准

（1）先天骨架发育良好，肩宽、腰细、腿直，身体中心线中正，头、四肢和躯干的比例协调。

（2）全身肌肉发展均衡，左右对称、前后对应，各部位肌肉发达、饱满，线条清晰。

（3）皮肤光洁、色泽适中，没有外科手术或其他疤痕、斑点、痤疮或文身等。

（二）规定动作技术标准及评判标准

1. 前展双肱二头肌（图 9-12）

（1）技术标准

面向裁判员，两腿开立，身体重心移至支撑腿。吸腹成空腔，抬起两臂，弯曲肘部略高于肩，两手握拳，屈腕，用力收缩双侧肱二头肌及全身肌肉。

（2）评判标准

①肌肉质量、整体发达程度以及尖峰高度。

图 9-12

②肌肉清晰度、分离度明显。

③肱二头肌与身体其他各部位肌群发展均衡、协调。

④整体造型规范、美观。

2. 前展双背阔肌（图 9-13）

（1）技术标准

面向裁判员，双脚平行站立。吸腹成空腔，两手握拳分开拇指叉按于腰部，用力扩展双侧背阔肌并收缩全身肌肉。

（2）评判标准

①肌肉宽阔、厚实，力度感强，形状美观。

②肌肉整体呈"V"字形状，清晰度明显。

图 9-13

③与身体其他部位肌群发展均衡、协调。

④整体造型规范、美观。

3. 侧展胸部（图 9-14）

（1）技术标准

侧向（以左侧为例）裁判员站立，右腿
弯曲，前脚掌着地，右手紧握拳，左手握住右
手腕，屈肘，吸腹挺胸，用力收缩胸部、小腿
及全身肌肉。

（2）评判标准

①胸大肌宽阔、厚实，力度感强，形状
美观。

②肌肉分离度、清晰度明显。

图 9-14

③与肩部、肱二头肌、大腿、小腿肌群发
达程度一致，比例协调。

④整体造型规范、美观。

4. 后展双肱二头肌（图 9-15）

（1）技术标准

背向裁判员站立，两腿开立，单腿屈后
移，前脚掌点地。抬起两臂，弯曲肘部略高
于肩，两手握拳，屈腕，用力收缩双侧肱二
头肌及全身肌肉。

（2）评判标准

①肱二头肌尖峰明显，轮廓清晰，形态
美观。

②与肱肌、肱三头肌、三角肌间分离度
明显。

③背面相关肌群高度发达、均衡。

④整体造型规范、美观。

图 9-15

5. 后展双背阔肌（图 9-16）

（1）技术标准

背向裁判员，双脚平行站立。吸腹含胸，两手握拳分开拇指叉按于腰部，用力扩展双侧背阔肌并收缩全身肌肉。

（2）评判标准

①背阔肌宽阔、厚实，质量高，下缘清晰。

②背阔肌呈"V"字形状，肌肉均衡、协调，形状美观。

③相关肌群发达、均衡，线条清晰，形态完美。

④整体均衡，造型规范、美观。

图 9-16

6. 侧展肱三头肌（图 9-17）

（1）技术标准

侧向（以右侧为例）裁判员站立，左侧腿部微屈膝、支撑身体重心，右腿屈膝后移，前脚掌撑地。左臂垂于体侧，右手经体后握住左手（腕），用力收缩肱三头肌及全身肌肉。

（2）评判标准

①肱三头肌整体发达，与三角肌分离度清晰，形状美观。

②相关肌群发达、均衡，线条清晰，形态完美。

③整体协调，造型规范、美观。

图 9-17

7. 前展腹部和腿部（图 9-18）

（1）技术标准

面向裁判员站立，单腿前伸或
平行站立，身体重心置于另一条腿
或双腿，略微屈膝，双手置于头后，
用力呼气，压缩腹部，收缩腿部及
全身肌肉。

（2）评判标准

①腹直肌、腹外斜肌发达，块
垒清晰、突出。

②大腿肌肉发达、饱满，肌肉
分离度清晰。

③身体各部位肌群发展均衡。

④整体造型规范、美观。

图 9-18

（三）自选动作比赛技术标准评级

1. 比赛技术标准

自选动作是由各种造型动作组成的配乐动作组合。动作数量不限，
但须包括全部规定动作，造型动作要有停顿，动作衔接应自然、流畅。

2. 比赛时间

男子个人为 60 秒。

3. 音乐

运动员抽签时提交光盘或信息完全的通用格式音频文件，光盘或文
件中只应录存一首音乐。无自备音乐的运动员由大会提供备用音乐。集
体不定位自由造型音乐由大会提供。音乐中禁止使用亵渎、低俗或辱骂
性语言。

4. 评判标准

动作编排主题突出，配乐感染力强，动作完整、规范、流畅，形体

展示艺术性强，富有节奏感和美感。

第三节　健　体

一、比赛程序及内容

（一）男子健体比赛程序及内容

1. 预赛

（1）运动员按签号顺序入场，在裁判员的引领下站位。

（2）按签号顺序，依次以不超过 10 名运动员为一组进行四次向右转体，身体方位分别是正向站立、左侧向站立、背向站立、右侧向站立。

2. 半决赛

（1）参加半决赛的运动员按签号顺序入场。在运动员入场的同时介绍运动员。

（2）运动员呈单行并按签号排列，自然站立，做四次向右转体后，运动员分成人数相等或接近的两组分别站在赛台的两侧，赛台中间空出。

（3）比较评分：根据裁判员提名，排名前 5 名、第 6 至 10 名以及第 11 至 15 名的运动员面向裁判员进行形体的展示与评比。每组参与比较评分的运动员不能少于 3 人，不得多于 8 人。比较评分内容为四次向右转体。

（4）全体运动员按号序站成一排，退场。

3. 决赛

（1）参加决赛的运动员按签号逐一入场，介绍运动员信息，按指定路线行走进行个人展示，分别行进至赛台一侧站立。

（2）在赛台中央站成一排，按要求做四次向右转体。运动员交换站位，再次做四次向右转体。

（3）全体运动员按号序站成一排，退场。

（二）女子健体比赛程序及内容

1. 预赛

（1）运动员按签号顺序入场，在裁判员的引领下站位。

（2）按签号顺序，依次以不超过 10 名运动员为一组进行四个规定动作的比赛，四个规定动作为前展双肱二头肌、侧展胸部、后展双肱二头肌、侧展肱三头肌。

2. 半决赛

（1）参加半决赛的运动员按签号顺序入场，介绍运动员。

（2）运动员呈单行并按签号排列，自然站立，做四个向右转体。运动员分成人数相等或接近的两组分别站在赛台的两侧，赛台中间空出。

（3）按签号顺序，提请每组不超过 8 名运动员站在赛台中央，集体做前展双肱二头肌、侧展胸部、后展双肱二头肌、侧展肱三头肌动作。

（4）比较评分：根据裁判员提名，排名前 5 名、第 6 至 10 名以及第 11 至 15 名的运动员面向裁判员进行规定动作的展示与评比。每组参与比较评分的运动员不能少于 3 人，不得多于 8 人。比较评分内容为四次向右转体和四个规定动作（前展双肱二头肌、侧展胸部、后展双肱二头肌、侧展肱三头肌）。

（5）全体运动员按号序站成一排，退场。

3. 决赛

（1）运动员按签号入场，介绍运动员。

（2）运动员依次进行四次向右转体和前展双肱二头肌、侧展胸部、后展双肱二头肌、侧展肱三头肌动作。交换站位，再次进行四次向右转体和四个规定动作。

（3）在规定动作后集体做 30～60 秒不定位的自由造型表演。

（4）运动员按签号顺序逐个入场，在自选音乐的伴奏下进行自选动作的比赛。

二、比赛着装

（一）男子健体比赛着装

1. 预赛

运动员应赤膊，着不透明、非紧身的黑色齐膝短裤。除制造商品牌标志外，赛裤上任何部分禁止使用衬垫以及附加饰物（含具有商业色彩的 LOGO 图案）。

2. 半决赛、决赛

（1）运动员应赤膊，着不透明、非紧身齐膝短裤。赛裤颜色、面料、材质、款式、风格自选，除制造商品牌标志外，赛裤上任何部分禁止使用衬垫以及附加饰物（含具有商业色彩的 LOGO 图案）。

（2）比赛时禁止穿鞋、袜。

（3）比赛时禁止佩戴框架式眼镜、手表、类、项链、耳环、假发以及扰乱注意力的装饰物、装饰品。

（4）比赛中禁止使用道具。

（5）严禁进行改变任何身体、肌肉形态的固体和液态的义体植入。

（二）女子健体比赛着装

（1）运动员应着不透明分体后交叉式比基尼赛服。赛服颜色、面料、材质款式、风格自选。赛服必须能够展现腹部及背部的肌肉，赛服必须覆盖住臀部的二分之一和整个前腹部。赛服任何部分禁止使用衬垫、字符串和附加饰物。

（2）比赛时禁止穿鞋、袜。

（3）比赛时禁止佩戴框架式眼镜、手表、镯类、项链、耳环、假发、人造指甲，以及扰乱注意力的装饰物、装饰品。

（4）比赛中禁止使用道具。

（5）头发可以做造型或垂至肩部，但不得遮住肩部和上背部的肌肉。

（6）严禁进行改变任何身体、肌肉形态的固体和液态的义体植入。

三、技术标准及评判标准

（一）男子健体技术标准及评判标准

1. 规定动作技术标准及评判标准

（1）技术标准

①正向站立（图 9-19）

运动员面向裁判，自然站立，吸腹挺胸，头部正直，两眼与头部、身体同方向平视前方。身体重心落在支撑腿部，同侧臂用手置于腰侧，另一侧腿侧伸，前脚掌撑地，同侧臂微屈肘自然下垂于体侧，适度扩展背阔肌。

②左侧向站立（图 9-20）

由正面站立向右转体 90°成左侧向站立。上身略左转面向裁判，左腿微屈支撑身体重心，左手放（叉）置于左髋部，右膝弯曲后伸，前脚掌撑地，右臂微屈肘、右手分指造型垂置于体前，适度收紧相关肌肉。

图 9-19　　　　　　　图 9-20

③背向站立（图9-21）

由左侧向站立向右转体90°成背向裁判站立，头部正直，两眼与头部、身体同方向平视前方。身体重心落在支撑腿部，同侧臂屈肘，手置于腰臀侧，另侧腿侧伸，前脚掌撑地，同侧臂微屈肘自然下垂于体侧，适度扩展背阔肌。

④右侧向站立（图9-22）

由背面站立向右转体90°成右侧向站立，上身略右转面向裁判，右腿微屈支撑身体重心，右手放（叉）置于右臀部，左膝弯曲后伸，前脚掌撑地，左臂微屈肘，左手分指造型垂置于体前，适度收紧相关肌肉。

图9-21　　　　　　　　　　图9-22

（2）评判标准

①骨骼发育良好，宽肩，高胸，窄腰，腿直，身体中心线中正，头、四肢和躯干纵横向的比例协调。

②全身肌肉发展均衡，左右对称、前后对应，各部位肌肉紧致有形、饱满，轮廓清晰、美观。

③皮肤光洁、色泽和谐、健康，没有外科手术或其他疤痕、斑点、痤疮或文身等。

④四个面向站立动作规范，行走自然、自信，节奏合理。

（二）女子健体技术标准及评判标准

（1）四个向右转体技术标准

运动员双脚双膝并拢，自然站立，吸腹挺胸，头部正直，两眼平视前方，两臂自然下垂于体侧，身体各部位肌肉不得过度收缩，从前、左、后、右四个方位展示体型（图9-23至图9-26）。

图 9-23　　　　　　图 9-24　　　　　　图 9-25　　　　　　图 9-26

（2）四个向右转体评判标准

①先天骨架发育良好，肩宽、腰细、腿直，身体中心线中正，头、四肢和躯干的比例协调。

②肌肉匀称发达，线条清晰。

③皮肤光洁、色泽适中，没有外科手术或其他疤痕、斑点、痤疮或文身等。

④在赛台上站立时仪态端庄，行走时姿态优美、自信。

（三）规定动作技术标准及评判标准

1. 前展双肱二头肌（图9-27）

（1）技术标准

面向裁判员站立，双腿开立，一侧脚掌撑地。吸腹成空腔，抬起两臂，弯曲肘部略高于肩，两手手指分开造型，用力收缩双肱二头肌及全身肌肉。

（2）评判标准

①肌肉质量、饱满程度以及尖峰高度。

②肌肉轮廓明显。

③肱二头肌与身体其他各部位肌群发展均衡、协调。

④整体造型规范、美观。

2. 侧展胸部（图 9-28）

（1）技术标准

侧向（以左侧为例）裁判员站立，左腿弯曲，右腿前伸，前脚掌着地。吸腹挺胸，双手掌心向下，手指伸直，左手压住右手腕，双臂伸直，用力收缩胸部及全身肌肉。

（2）评判标准

①胸大肌饱满，美观。

②胸、肩关联处分界明显、圆润。

③肩部、肱三头肌、臀、大腿及小腿肌群轮廓清晰，与胸部比例适宜。

④整体造型规范，凹凸有致，性别特征明显、形体美观，姿态优美。

图 9-27　　　　　　　图 9-28

3. 后展双肱二头肌（图 9-29）

（1）技术标准

背向裁判员站立，双腿开立，一侧脚掌撑地。吸腹成空腔，抬起两臂，弯曲肘部略高于肩，两手手指分开造型，用力收缩双肱二头肌及全身肌肉。

（2）评判标准

①肱二头肌轮廓清晰，形态美观。

②与肱肌、肱三头肌、三角肌间分离度明显。

③背面相关肌群适度发达、均衡。

④整体造型规范、美观。

4. 侧展肱三头肌（图 9-30）

（1）技术标准

侧向（以左侧为例）裁判员站立，左腿弯曲，右腿前伸、脚掌着地，右臂垂于体侧，左手经体后握住右腕，用力收缩肱三头肌及全身肌肉。

（2）评判标准

①肱三头肌适度发达，形状美观。

②相关肌群轮廓清晰。

③整体协调，造型规范、美观。

图 9-29　　　　　　图 9-30

（四）自选动作比赛规定及评判标准

1. 比赛技术标准

是由各种造型动作组成的配乐动作组合。动作数量不限，但须包括全部规定动作，造型动作要有停顿，动作衔接应自然、流畅。

2. 比赛时间

女子个人为 60 秒。

3. 音乐

运动员抽签时提交光盘或信息完全的通用格式音频文件，光盘或文件中只应录存一首音乐。无自备音乐的运动员由大会提供备用音乐。集体不定位自由造型音乐由大会提供。音乐中禁止使用亵渎、低俗或辱骂性语言。

4. 评判标准

动作编排主题突出，配乐感染力强，动作完整、规范、流畅，形体展示艺术性强，富有节奏感和美感。

第四节　形　体

一、比赛程序及内容

（一）预赛

（1）运动员按签号顺序入场，在裁判员的引领下站位。

（2）按签号顺序，依次以不超过 10 名运动员为一组进行四次向右转体，身体方位分别是正向站立、左侧向站立、背向站立、右侧向站立。

（二）半决赛

（1）参加半决赛的运动员按签号顺序入场。在运动员入场的同时介绍运动员。

（2）定位造型：运动员按签号顺序在规定的路线上行走，并依次在规定的位置上做形体造型动作，每个位置上的动作造型不得超过 2 个。定位造型动作中必须含有前后左右四面的形体造型动作。

（3）运动员呈单行并按签号排列，自然站立，做四次向右转体后，运动员分成人数相等或接近的两组分别站在赛台的两侧，赛台中间空出。

（4）比较评分：根据裁判员提名，排名前 5 名、第 6 至 10 名以及第 11 至 15 名的运动员面向裁判员进行形体的展示与评比。每组参与比较评分的运动员不能少于 3 人，不得多于 8 人。比较评分内容为四次向右转体。

（5）全体运动员按号序站成一排，退场。

（三）决赛

（1）参加决赛的运动员按签号逐一入场，介绍运动员信息，按规定路线行走进行定位造型，分别行进至赛台一侧站立。

（2）在赛台中央站成一排，按要求做四次向右转体。运动员交换站位，再次做四次向右转体。

（3）全体运动员按号序站成一排，退场。

二、比赛着装

（一）预赛

运动员着分体后交叉式比基尼赛服。赛服须由纯黑色、不透明、无花纹、无光泽的材料制成。

（二）半决赛、决赛

（1）运动员着分体后交叉式自选比基尼赛服。赛服的款式、颜色、材料不限。禁止点缀悬垂性装饰物。

（2）比基尼赛服必须覆盖住臀部的二分之一和整个下腹部。

（3）比赛穿高跟鞋。鞋前掌厚度不大于 1.0 厘米；细跟，高度不超过 12.0 厘米。

（4）禁止穿坡跟式高跟鞋。

（5）禁止穿袜。

（6）除第一轮要求高跟皮鞋的颜色必须是黑色且包住脚趾和跟外，其他轮次鞋的颜色与款式不限。

（7）运动员可戴结婚戒指或小耳钉以及头发饰品，不得佩戴眼镜、手表、类、耳环、假发以及任何其他人工饰品。

（8）严禁其他改变身体、肌内形态的固体和液态的义体植入。

三、规定动作技术标准及评判标准

1. 技术标准

（1）四个向右转体

运动员双脚双膝并拢，自然站立，吸腹挺胸，头部正直，两眼平视前方，和两臂自然下垂于体侧，身体各部位肌肉不得过度收缩，从前、左、后，右四个方位展示体形（图 9-31 至图 9-34）。

  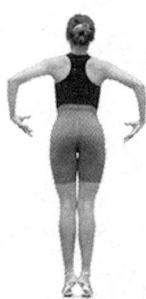 

图 9-31　　　　图 9-32　　　　图 9-33　　　　图 9-34

（2）定位造型

运动员按签号顺序在规定的路线上行走，并依次在规定的位置上做形体造型动作，每个位置上的动作造型不得超过 2 个。定位造型动作中必须含有前后左右四面的形体造型动作。

2. 评判标准

（1）先天骨架发育良好，肩宽、腰细、腿直，身体中心线中正，头、四肢和躯干的比例协调。

（2）形体：正、背面呈"V"字形状，侧观身体"S"形曲线适度，性别特征明显，各部分比例匀称，富有美感。

（3）肌肉：适度发达，轮廓明显。

（4）皮肤：紧致、肤色健康。皮肤光滑、均匀，没有脂肪团/橘皮组织、外科手术或其他疤痕、斑点、痤疮或文身等。妆容得体、端庄。

（5）步态：自然、优雅，节奏准确。性别特征突出，造型动作优美。整个过程表现自信、镇定。

第五节 健 身

一、比赛程序及内容

（一）预赛

（1）运动员按签号顺序入场，在裁判员的引领下站位。

（2）按签号顺序，依次以不超过 8 名运动员为一组进行四次向右转体，身体方位分别是正向站立、左侧向站立、背向站立、右侧向站立。

（二）半决赛

1. 运动特长轮

运动员按签号顺序逐一上场进行运动特长表演。

2. 形体轮

（1）运动员按签号顺序入场。在运动员入场的同时介绍运动员。

（2）运动员呈单行并按签号排列，自然站立，做四次向右转体后，运动员分成人数相等或接近的两组分别站在赛台的两侧，赛台中间空出。

（3）比较评分：根据裁判员提名，排名前 5 名、第 6 至 10 名以及第 11 至 15 名的运动员面向裁判员进行形体的展示与评比。每组参与比较评分的运动员不能少于 8 人，不得多于 8 人。比较评分内容为四次向右转体。

（4）全体运动员按号序站成一排，退场。

（三）决赛

1. 运动特长轮

运动员按签号顺序逐一上场进行运动特长表演。

2. 形体轮

（1）参加决赛的运动员按签号逐一入场，介绍运动员信息，按指定路线行走进行个人展示，分别行进至赛台一侧站立。

（2）在赛台中央站成一排，按要求做四次向右转体。运动员交换站位，再次做四次向右转体。

（3）全体运动员按号序站成一排，退场。

3. 晚（正）装展示轮

运动员按签号顺序在规定的位置站立，并按指定路线行走进行晚（正）装展示。

二、比赛着装

（一）健身先生形体轮着装规定

（1）穿着不透明、无花纹、无光泽的纯黑色紧身平角短裤。

（2）赛裤侧面宽度不少于 15 厘米，且必须覆盖臀部。

（3）赛裤上不得有任何衬垫、饰物或图案。

（4）禁止穿鞋、袜。

（5）比赛时禁止佩戴框架式眼镜、手表、镯类、项链、耳环、假发以及扰乱注意力的装饰物、装饰品。

（6）严禁进行改变任何身体、肌肉形态的固体和液态的义体植入。

（二）健身小姐形体轮着装规定

（1）运动员应穿着不透明的分体式后交叉比基尼赛服，赛服必须覆盖住臀部的二分之一和整个前腹部。严禁穿丁字裤，赛服须得体。

（2）赛服的颜色、面料、质地、装饰和款式不限，可适度使用衬垫和装饰物。

（3）穿高跟皮（凉）鞋，颜色不限。鞋前掌厚度不超过 1.0 厘米，后跟高度不超过 12.0 厘米，细跟。禁止穿坡跟式高跟鞋。

（4）禁止穿袜。

（5）头发可以做造型，允许佩戴发型装饰品，但大小须适度。

（6）运动员可戴结婚戒指或小耳钉，除此之外，不得佩戴眼镜、手表、铜类、假发以及任何其他人工饰品。

（三）运动特长轮着装规定

健身先生、健身小姐运动特长表演轮的服装得体，式样、颜色和是否穿鞋不限。

（四）礼服展示轮服饰规定

健身先生西装、健身小姐晚装及混合双人礼服展示轮的服装必须符合正（晚）装礼服款样规定，服装的颜色和鞋的式样、颜色不限。

三、技术标准及评判标准

（一）规定动作技术标准及评判标准

健身先生、健身小姐形体轮比赛，规定动作技术标准及评判标准内容相同，技术标准如下。

（1）四个向右转体

运动员双脚双膝并拢，自然站立，吸腹挺胸，头部正直，两眼平视前方，两臂自然下垂于体侧，身体各部位肌肉不得过度收缩，从前、左、后、右四个方位展示体型（图9-35 至图9-38）。

图 9-35   图 9-36

图 9-37   图 9-38

（2）定位造型

运动员按签号顺序在规定的路线上行走，并依次在规定的位置上做形体造型动作，每个位置上的动作造型不得超过 2 个。定位造型动作中必须含有前后左右四面的形体造型动作。

（3）评判标准

①先天骨架发育良好，肩宽、腰细、腿直，身体中心线中正，头、四肢和躯干的比例协调。

②形体：正、背面呈 "V" 字形状，侧观身体 "S" 形曲线适度，性别特征明显，各部分比例匀称，富有美感。

③肌肉：线条清晰，富有弹性。

④皮肤：紧致、肤色健康。皮肤光滑、均匀，没有脂肪团/橘皮组织、外科手术或其他疤痕、斑点、痤疮或文身等。妆容得体、端庄。

⑤步态：自然、优雅，节奏准确。性别特征突出，造型动作优美。整个过程表现自信、镇定。

（二）运动特长比赛技术标准及评判标准

1. 技术规定

（1）表演

①运动员在赛台的不同区域，以各种身体运动形式展示运动技能和综合运动能力。运动员可使用辅助表演的道具，禁止使用存在安全隐患和有可能将物品材料遗落于赛台的道具，赛台在道具使用前后必须保持干净。

②表演时间限定为不超过 90 秒。

2. 评判标准

（1）编排：整套动作编排结构完整、内容健康，动作选择符合运动员特点，具有新颖性、艺术性和独特性。

（2）音乐：音乐的选配与动作风格吻合，音乐主题积极、健康，音乐制作完整、声音清晰。

（3）动作完成：①整套动作与音乐风格、节奏相吻合主题突出，有激情，富有表现力。②体现运动员的综合运动能力，动作套路中应包括：力量性动作，如支撑分腿、并腿的各种造型，单臂俯卧撑等；柔初性动作，如高踢腿、横叉、竖叉等；协调、控制类动作，如各种位移、跳跃、翻转动作等。

（三）晚（正）装展示规定与评判标准

1. 技术标准
运动员按规定的位置站立，并按规定的路线行走和做定位造型。

2. 评判标准
（1）服装：与运动员的形象相符。
（2）形象：五官端正，化妆、发型、服饰相融。
（3）气质：高雅（阳刚）、大方。
（4）仪态：仪容端庄、健康，步态、站姿自然、优雅、有特质。

第六节　健身比基尼

一、比赛程序及内容

（一）预赛

（1）运动员按签号顺序入场，在裁判员的引领下站位。
（2）按签号顺序，依次以不超过 10 名运动员为一组进行四次向右转体，身体方位分别是正向站立、左侧向站立、背向站立、右侧向站立。

（二）半决赛

（1）参加半决赛的运动员按签号顺序逐一入场。按指定路线行走进行个人展示，分别行进至赛台两侧站立。运动员入场的同时介绍运动员。

（2）两侧运动员分别呈单行并按签号排列，自然站立。逐组以不超过 8 人做四次向右转体后，站回赛台的两侧，赛台中间空出。

（3）比较评分：根据裁判员提名，排名前 5 名、第 6 至 10 名以及第 11 至 15 名的运动员面向裁判员进行形体的展示与评比。每组参与比较评分的运动员不能少于 3 人，不得多于 8 人。比较评分内容为四次向右转体。

（4）全体运动员按号序站成一排，退场。

（三）决赛

（1）参加决赛的运动员按签号逐一入场，介绍运动员信息，按指定路线行走进行个人展示，分别行进至赛台一侧站立。

（2）在赛台中央站成一排，按要求做四次向右转体。运动员交换站位，再次做四次向右转体。

（3）全体运动员按号序站成一排，退场。

二、比赛着装

（1）运动员穿不透明的分体式比基尼赛服，其颜色、面料、装饰不限。

（2）比基尼赛服必须覆盖住臀部的二分之一和整个下腹部，穿戴美观。严禁穿线状比基尼和丁字裤。

（3）比赛穿高跟鞋：鞋前掌厚度不大于 1 厘米；细跟，高度不得超过 12 厘米。

（4）禁止穿坡跟式高跟鞋。

（5）禁止穿袜。

（6）头发可以做造型。

（7）运动员可戴结婚戒指、小耳钉以及头发饰品，不得佩戴眼镜、手表、镯类、耳环、假发以及任何其他人工饰品。严禁其他改变身体形态的固体和液态的义体植入。

三、技术标准及评判标准

（一）规定动作技术标准

（1）正向站立（图 9-39）

运动员吸腹挺胸、提臀、头部正直，肩膀向后打开，两眼与头部、身体同方向平视前方站立。髋部侧移，同侧手叉（置）于髂嵴。另一侧腿微向前侧方移动，前脚掌撑地，同侧指、掌造型，手臂微屈自然下垂。身体重心、髋部和手臂适时交替移动。

（2）左侧向站立（图 9-40）

运动员向右转体 90 度，身体左侧转向裁判席，上身略左转、头部正直，目视裁判。右腿膝部伸直、全脚掌着地站立，右手叉（置）于右髂嵴上，收腹挺胸，提升左髋，左腿关节微屈，左脚略前伸，前脚掌撑地。左手指、掌造型，左臂微屈，自然下垂于身体中心线左后侧。

图 9-39　　　　　　　图 9-40

（3）背向站立（图 9-41）

运动员右转体 90 度，将背部正对裁判员，双脚略小于肩宽开立，双膝伸直，双臂自然下垂于身体两侧，掌心向下，或与地面平行，双肩后展。腰椎自然弯曲或轻微前凸，上背部挺直，抬头。上身和头始终面向背幕，不得转向裁判。

（4）右侧向站立（图 9-42）

运动员向右转体 90 度，身体右侧转向裁判席，上身略右转、头部正直，目视裁判。左腿膝部伸直、全脚掌着地站立，左手叉（置）于髂嵴上，收腹挺胸，提升右髋，右腿膝关节微屈，右脚略前伸，前脚掌撑地。右手指、掌造型，右臂微屈，自然下垂于身体中心线右后侧。

图 9-41　　　　　图 9-42

（5）行走与定位造型

①行走步态

运动员在规定的路线上行走时，必须采用自然步态。

②定位展示

运动员按签号顺序在规定的路线上行走，并依次在规定的位置上做形体造型动作。

③行走与定位展示路线规定

决赛行走路线与展示定位点呈"T"字形,"T"形行走。

(二)评判标准

(1)体型:骨架发育良好,形体匀称,头、躯干及四肢纵横向比例协调。

(2)肌肉:形态紧致,外形美观。

(3)皮肤和肤色:皮肤健康、光滑、有弹性,没有脂肪球/橘皮组织及外科手术疤痕、斑点、痤疮或文身等。

(4)仪态:步态、站姿优雅,节奏自然,表演技艺纯熟。仪容端庄,形象健康、自信,富有个性魅力。

第七节 体育健身模特

一、比赛程序及内容

(一)预赛

(1)运动员按签号顺序入场,在裁判员的引领下站位。

(2)按签号顺序,依次以不超过8名运动员为一组进行四次向右转体,身体方位分别是正向站立、左侧向站立、背向站立、右侧向站立。

(二)半决赛

1. 形体轮

(1)运动员按签号顺序入场。在运动员入场的同时介绍运动员。

(2)运动员呈单行并按签号排列,自然站立,做四次向右转体后,运动员分成人数相等或接近的两组分别站在赛台的两侧,赛台中间空出。

（3）比较评分：根据裁判员提名，排名前 5 名、第 6 至 10 名以及第 11 至 15 名的运动员面向裁判员进行形体的展示与评比。每组参与比较评分的运动员不能少于 3 人，不得多于 8 人。比较评分内容为四次向右转体。

2. 运动服装展示轮

（1）运动员按签号顺序逐一上场进行运动服装和小型运动器材的展示。

（2）全体运动员按号序站成一排，退场。

（三）决赛

1. 形体轮

（1）参加决赛的运动员按签号逐一入场，介绍运动员信息，按指定路线行走进行个人展示，分别行进至赛台一侧站立。

（2）在赛台中央站成一排，按要求做四次向右转体。运动员交换站位，再次做四次向右转体。

（3）全体运动员按号序站成一排，退场。

2. 运动服装展示轮

运动员按签号顺序逐一上场进行运动服装和小型运动器材展示。

3. 华服展示轮

运动员按签号顺序在规定的位置站立，并按指定路线行走进行华服展示。

二、比赛着装

（一）男子健身模特

1. 形体轮

（1）着纯黑色紧身平角短裤，短裤侧面宽度不少于 15 厘米。

（2）禁止穿鞋、袜。

2. 运动服装展示轮

运动员须着运动装。运动装款式、颜色、材料不限。可使用与表演主题和风格相符的小型运动器材。

3. 华服展示轮

运动员须穿着中山装。中山装的材质、颜色和鞋的款式、颜色不限。

（二）女子健身模特

1. 形体轮

（1）穿分体式泳装（非比基尼式），款式、颜色、材料不限，须覆盖住臀部的二分之一以及整个下腹部。

（2）穿高跟皮（凉）鞋：鞋前掌厚度不超过 1 厘米；细跟，高度不超过 12 厘米。

（3）禁止穿袜。

2. 运动服装展示轮

运动员须穿运动装。运动装款式、颜色、材料不限，可使用与表演主题和风格相符的小型运动器材。

3. 华服展示轮

运动员须穿着旗袍，旗袍的材质、颜色不限，须合体，立领，旗袍下摆两侧开齐至大腿中部。长度过膝不得拖地。

三、技术标准及评判标准

（一）规定动作技术标准及评判标准

1. 技术标准

（1）四个向右转体（技术动作同女子建设比赛）

①正、背面站立（图 9-43 和图 9-44）

运动员并脚站立，吸腹挺胸，头部正直，两眼平视前方，各部位肌肉不得过度收缩，从正、背面展示形体。

②左、右侧面站立（图9-45和图9-46）

运动员侧向裁判站立，吸腹挺胸，头部正直，两眼平视前方，各部位肌肉不得过度收缩，从左、右侧面展示形体。

图9-43　　　　　　　　　　　图9-44

图9-45　　　　　　　　　　　图9-46

（2）行走与定位造型

①行走步态

运动员在规定的路线上行走时，必须采用自然步态。

②定位造型

运动员按签号顺序在规定的路线上行走，并依次在规定的位置上做形体艺术造型和展示，每个位置上的动作造型不得超过 2 个。动作造型中必须包含身体正和背、左和右两个面的形体造型展示。

③行走与定位造型路线规定：行走路线与造型定位点规定同健身比赛形体轮。

2. 评判标准

（1）体型：身体各部分比例匀称，运动体格特征鲜明。

（2）肌肉：身体各部位肌肉发展均衡，轮廓清晰。

（3）肤色：皮肤光洁、色泽健康，没有脂肪球/橘皮组织、外科手术疤痕、斑点、痤疮和文身等。

（4）仪态：健康、阳光、时尚，台上行走自信、大方，造型优美、富有表现力。

（二）运动服装展示规定与评判标准

1. 技术规定

（1）运动服装

运动员应从不同方位、在赛台不同区域，以各种身体运动形式展示运动服装。在运动服装展示过程中，必须完成不少于 5 个造型动作。

（2）运动器材

①运动器材必须是为表演主题服务的，安全性高的、轻/小型或赛会指定的器材。

②禁止使用有可能将材料遗落在赛台的器材。

（3）表演时限

表演时间限定为个人 30 秒，全体表演为 60 秒。

2. 评判标准

（1）编排：整套动作的编排新颖、独特。

（2）音乐：音乐的编辑与选配具有完整性、艺术性和融合性。

（3）表演：①运动员表演着装的款式、色彩与运动员的形象相符，表演风格、个性特征统一。表现大方得体，能够展示出文化、艺术修养和独特神韵。

②表演主题突出，健康时尚，动感、充满活力，自信、独特、具有魅力。

③运动员形象和动作造型内涵丰富、富有艺术感染力。

（三）华服展示规定与评判标准

1. 技术规定

（1）男运动员着中山装、女运动员着旗袍，按规定位置站立，并按规定路线行走。

（2）按照行走路线与造型定位点。

2. 评判标准

（1）服装：与运动员形象、气质相符，符合着装规定。

（2）形象：五官端正，化妆、发型、服饰相融。

（3）气质：高雅（阳刚）、大方，时尚。

（4）仪态：婉约（英气）、典雅（儒雅），仪容端庄、健康，步态、站姿自然、优雅。

参考文献

[1] 毕春佑. 健身教育教程 [M]. 北京：科学出版社，1996.

[2] 毕春佑. 健身教育教程 [M]. 2 版. 北京：科学出版社，2003.

[3] 曹博兵. 健美、哑铃技巧图解与健身法 [M]. 北京：人民体育出版社，2006.

[4] 曹锡璜. 健美运动 [M]. 北京：高等教育出版社，1991.

[5] 陈春军. 健美优选训练法 [M]. 北京：人民体育出版社，2007.

[6] 陈文鹤，王晓慧. 健身运动处方 [M]. 北京：高等教育出版社，2014.

[7] 程明吉，解煜. 大学体育教育理论知识与运动实践研究 [M]. 长春：吉林大学出版社，2017.

[8] 方志军. 男子哑铃健身图解 [M]. 北京：人民体育出版社，2000.

[9] 傅立功，陈琦，杨贵林. 健身运动处方 [M]. 北京：华夏出版社，1993.

[10] 高强，毛志雄. 体育健身的科学基础 [M]. 北京：北京体育大学出版社，2001.

[11] 古桥. 健美理论与实践 [M]. 北京：人民体育出版社，2000.

[12] 顾德明，秦百里，王雁. 健美训练 [M]. 北京：人民体育出版社，2004.

[13] 郭楠. 塑造健美的形体 [M]. 北京：中国纺织出版社，2019.

[14] 郭瑞，荆永根. 大学生健康与健身锻炼 [M]. 北京：人民体育出版社，2004.

[15] 国家体育总局. 全民健身路径锻炼指南 [M]. 北京：人民体育出版社，2011.

［16］国家体育总局社会体育指导中心，中国健美协会．健身指导员基础理论教程［M］．北京：人民体育出版社，1999.

［17］国家体育总局社会体育指导中心，中国健美协会．现代健身房服务指南［M］．北京：人民体育出版社，2000.

［18］国家体育总局职业技能鉴定指导中心．健身健美［M］．北京：高等教育出版社，2005.

［19］国家体育总局职业技能鉴定指导中心．社会体育指导员职业培训教材健身教练［M］．2 版．北京：高等教育出版社，2019.

［20］何继伟．传统体育文化的传承与发展研究［M］．长春：吉林出版集团股份有限公司，2022.

［21］纪本平．新时期体育文化的传播与多元发展探索［M］．北京：中国书籍出版社，2022.

［22］姜桂萍．健身健美［M］．北京：高等教育出版社，2006.

［23］蒋街良，蔡煜浩．大学体育与健康［M］．成都：电子科技大学出版社，2019.

［24］兰茹，孙雷鸣，林斌．健身俱乐部管理与实务［M］．广州：华南理工大学出版社，2010.

［25］雷源，彭丹梅．大学生体育与健康［M］．北京：北京理工大学出版社，2017.

［26］李春光．大学体育［M］．天津：天津科学技术出版社，2019.

［27］李江霞．健身健美运动［M］．天津：天津科学技术出版社，2020.

［28］李进文．高校体育教学与体育文化融合发展研究［M］．北京：中国原子能出版社，2021.

［29］李立敏．浙江省大学生体质健康动态评价与健身锻炼运动处方［M］．北京：人民体育出版社，2008.

［30］李伟听．全民健身指导手册［M］．上海：上海远东出版社，1995.

［31］李相如，苏明理．全民健身导论［M］．北京：高等教育出版

社，2008.

[32] 刘东智．健身教练［M］．北京：高等教育出版社，2009.

[33] 刘纪清，李国兰．实用运动处方［M］．哈尔滨：黑龙江科学技术
出版社，1993.

[34] 刘佳，南子春，马占菊．校园体育文化的建设与发展探究［M］.
北京：中国纺织出版社，2021.

[35] 刘曼冬．大学生体质健康测试指导手册［M］．上海：上海交通大
学出版社，2017.

[36] 刘敏．大学生体质健康与科学锻炼［M］．上海：同济大学出版
社，2017.

[37] 刘绍东，张彦秋．健美健身运动学［M］．北京：人民体育出版
社，2016.

[38] 刘星亮．体质健康概论［M］．武汉：中国地质大学出版社，2010.

[39] 刘一阳．健美负重训练［M］．广州：中山大学出版社，2020.

[40] 卢先吾．全民健身大全［M］．北京：人民体育出版社，1996.

[41] 卢晓文，程路明．健美［M］．北京：高等教育出版社，2004.

[42] 陆阿明，陆勤芳．科学健身［M］．苏州：苏州大学出版社，2020.

[43] 毛苏林．大众体育健身指南［M］．北京：人民体育出版
社，2003.

[44] 彭玉林．大学生运动与健康促进研究［M］．北京：中国经济出版
社，2017.

[45] 曲绵域，于长隆．实用运动医学［M］．北京：北京大学医学出版
社，2003.

[46] 沈勋章．全民健身处方大全［M］．上海：上海科学技术文献出版
社，2002.

[47] 宋艳红，林家润，孙国强．大学生体育与健康教程［M］．天津：
天津科学技术出版社，2019.

[48] 孙宝国．大学生体质现状与健身意识提高研究［M］．北京：中国

纺织出版社，2018.

［49］孙丽娜．大学生体育与健康研究［M］．北京：煤炭工业出版社，2018.

［50］田里．体商健康管理系列健身器械锻炼指导形体塑修篇［M］．北京：人民体育出版社，2018.

［51］万发同．大学生运动健身与形体健美［M］．北京：中国大地出版社，2018.

［52］王安利．健身运动的误区［M］．北京：北京体育大学出版社，2001.

［53］王朝，于少勇，白光斌．大学生时尚健身操舞［M］．西安：西安电子科技大学出版社，2018.

［54］王海．大学生体质健康的多维监控与运动健身指导［M］．北京：中国书籍出版社，2019.

［55］王红英．健美增肌与减肥［M］．厦门：厦门大学出版社，2020.

［56］王健，何玉秀．健康体适能［M］．北京：人民体育出版社，2008.

［57］王俊．现代大学生体质健康研究与促进指导［M］．长春：吉林文史出版社，2017.

［58］王玲，李平斌．大学生体能实训指导与运动伤病防护［M］．武汉：武汉大学出版社，2019.

［59］王胜超．健美运动理论与实践［M］．北京：人民体育出版社，2011.

［60］王松，古彬．大学生体育与健康［M］．武汉：华中科技大学出版社，2018.

［61］王文刚，李明，王丽娜，等．运动处方［M］．广州：广东人民出版社，2005.

［62］韦勇兵，申云霞，汤先军．体育教学与运动技能分析［M］．长春：吉林人民出版社，2019.

［63］ 吴昌文.体能训练新论探析定向越野运动［M］.北京：中国广播影视出版社，2019.

［64］ 吴廉卿.现代健美运动［M］.武汉：武汉大学出版社，2020.

［65］ 吴晓强，张中豹.运动健身理论与方法［M］.北京：人民体育出版社，2007.

［66］ 相建华，王莹.中级健美训练教程［M］.北京：人民体育出版社，2004.

［67］ 相建华，杨润琴，尹俊玉.初级健美训练教程［M］.北京：人民体育出版社，2003.

［68］ 相建华.私人健身教练［M］.北京：高等教育出版社，2012.

［69］ 谢成立.文化交融背景下传统体育文化的创新与发展［M］.北京：中国农业出版社，2021.

［70］ 杨烨.大学生体育运动技能准则［M］.上海：上海教育出版社，2018.

［71］ 杨则宜.生命在于运动和营养［M］.北京：北京体育大学出版社，2006.

［72］ 易锋，刘德华.体育健身原理与方法［M］.苏州：苏州大学出版社，2019.

［73］ 尹大川，穆旭，许岩，等.体育健身［M］.北京：高等教育出版社，2014.

［74］ 尹大川.体育健身高职体育实践教程［M］.3版.北京：高等教育出版社，2017.

［75］ 尹先平.阳光体育健康体魄大学生体育运动教程［M］.上海：上海交通大学出版社，2019.

［76］ 袁远，史兰兰，毛磊.大学生体育与健康教育［M］.天津：天津科学技术出版社，2019.

［77］ 张佃波.体育强国战略下我国体育文化的重塑与发展研究［M］.长春：吉林出版集团股份有限公司，2022.

［78］ 张国林，相建华.健美运动［M］.北京：人民体育出版

社，2010.

[79] 张丽．我国民族传统体育文化的传播与发展研究［M］．长春：吉林出版集团股份有限公司，2022.

[80] 张瑞林，黄晓明．健身健美［M］．北京：高等教育出版社，2005.

[81] 张瑞林．健身健美［M］．北京：高等教育出版社，2011.

[82] 张先松．健身健美运动［M］．北京：高等教育出版社，2005.

[83] 张先松．健身健美运动［M］．武汉：华中科技大学出版社，2009.

[84] 赵常红．健美概论［M］．北京：人民体育出版社，2014.

[85] 周冰．多元视域下的体育文化发展研究［M］．长春：吉林大学出版社，2022.

[86] 周骞．高校健身健美教程［M］．北京：新华出版社，2018.

[87] 周伟峰．体育产业与体育文化发展管理探索［M］．长春：吉林人民出版社，2022.

[88] 朱静，王萍，马保雷．大学生体质测试与运动健身指导教程［M］．北京：中国书籍出版社，2017.

[89] 朱元利，郑文海．健身理论与指导［M］．北京：高等教育出版社，2016.